John Selby

Ich bin die Mitte

John Selby

Ich bin die Mitte

Ein Weg zu innerem Gleichgewicht

BAUER TON-BÜCHEREI

im Verlag Hermann Bauer, Freiburg

CIP-Kurztitelaufnahme der Deutschen Bibliothek

© 1987 by Selby, John:
Ich bin die Mitte : e. Weg zu innerem Gleichgewicht / John Selby. [Ins Dt. übertr. von Sabine Schölkopf]. – Freiburg im Breisgau : Bauer, 1987.
(Bauer-Tonbücherei)
ISBN 3-7626-5601-0

Umschlaggestaltung: Birgitta Steiner/Martin Tiefenthaler
Illustrationen: Michael Vetter
Fotos: Ramesh Amruth

1987
ISBN 3-7626-5601-0

Satz und Druck: Poppen & Ortmann, Freiburg im Breisgau.
Bindung: Walter Verlag GmbH, Buchbinderei, Heitersheim.
Printed in Germany.

Inhalt

Bewegungs- und Meditationsprogramm

Einleitung

Die Suche nach dem inneren Gleichgewicht

Für uns alle gibt es Tage, an denen wir aufwachen und sehr intensiv unsere Mitte spüren. Wir vertrauen auf unser Handeln und auf unsere Entscheidungen, haben starke Gefühle und sind tief mit den spirituellen Bereichen unseres Wesens verwurzelt. In diesem erweiterten Bewußtseinszustand verstehen wir uns bestens mit unseren Freunden und Geschäftskollegen, und was noch wichtiger ist, unser Leben ist voll innerem Frieden und Sicherheit.

Solche Tage sind leider selten. Wir haben jedoch viele kürzere Zeiträume, in denen wir uns plötzlich sehr stark in unserer inneren Mitte fühlen. Unser Körper ist energiegeladen und ausgeglichen, wir haben einen klaren und scharfen Verstand, und unsere Emotionen sind aufrichtig und fließen frei.

Aus unerklärlichen Gründen kommen und gehen diese Zustände von Klarheit und innerem Gleichgewicht, ohne daß wir einen Einfluß darauf haben. Wir wissen, daß wir in unserem tiefsten Inneren ein Zentrum haben, das wir erfahren können. Aber wir wissen nicht so recht, wie wir mit den tieferen Bewußtseinsschichten in Verbindung bleiben können.

Gelegentlich haben wir tagelang das Gefühl, überhaupt nicht in unserer Mitte zu sein, haben keinen Brennpunkt mehr und sind geistig und körperlich „benebelt". Egal, was um uns herum passiert, wenn wir nicht in unserer Mitte sind, scheint in unserem Leben überhaupt nichts mehr zu funktionieren.

Wir wollen uns hier mit der Frage beschäftigen, wie wir ganz realistisch den Kontakt zu unserer Mitte wiederherstellen und auch in unserem Alltag in diesem erweiterten Bewußtseinszustand und inneren Gleichgewicht bleiben können. Ich bin dieser Frage viele Jahre nachgegangen, sowohl in spirituellen Kreisen als auch als

Therapeut. Die Suche nach dem inneren Gleichgewicht und der inneren Mitte wird gewöhnlich als eine religiöse Suche interpretiert. Aber sie ist tatsächlich genauso wichtig für diejenigen Menschen, die ein erfüllteres Leben führen und einen besseren Kontakt zu ihrer Umwelt haben wollen.

Ich werde Sie hier mit zahlreichen Meditationstechniken aus unterschiedlichen Weltreligionen vertraut machen. In meinem Programm werde ich mich jedoch auf die Techniken beschränken, die sich außerhalb der religiösen Domäne als besonders wirksam erwiesen haben. Ich möchte Ihnen hier vor allem mehrere sehr einfache und doch kraftvolle Techniken vorstellen, die während all der Jahre die hauptsächliche Stütze bei meiner Arbeit mit Klienten geworden sind.

Aus philosophischer und psychologischer Sicht ist inzwischen viel über die Suche nach dem inneren Gleichgewicht gesagt worden, und ich habe hier nicht die Absicht, zusätzliche Verwirrung zu stiften, indem ich ein neues Denkmodell über die Bewußtseinserweiterung aufstelle. Ich möchte in dieser Diskussion sehr praxisbezogen bleiben und mich regelmäßig auf Ihr momentanes Erleben Ihres eigenen inneren Gleichgewichts konzentrieren. Das viele Denken hat noch nie jemandem ein stärkeres Gefühl der Klarheit gebracht, denn diese Form von Bewußtsein ist kein Denkprozeß, sondern eine direkte, erfahrbare Begegnung mit dem gegenwärtigen Augenblick.

Meine Rolle in diesem Zusammenhang wird es daher sein, Ihnen Vorschläge zu machen, in welche Richtung Sie Ihre Aufmerksamkeit lenken können, um einen intensiveren Kontakt zu Ihrem inneren Selbst zu finden. Ihre persönliche Erfahrung ist für Ihr Wachsen und Zentrieren ausschlaggebend. Denn die Erfahrung ist im Leben der einzige Lehrmeister. Für eine neue Erfahrung müssen Sie lernen, wie Sie Ihre Aufmerksamkeit in eine neue Richtung lenken können, oder in eine alte, die bisher blockiert war.

Diese neue Erfahrung können Sie ohne jede Anstrengung machen. Es ist fast unmöglich, spirituelles Wachstum zu forcieren, und ich nehme an, daß Sie das inzwischen selbst herausgefunden haben. Der ganze Prozeß, auf den wir uns in diesem Programm einlassen werden, geschieht aus sich selbst heraus, und nicht durch irgendeine Form von Manipulation oder Drängen Ihrerseits.

Wenn Sie sich in diesem Sinne darauf einlassen, wird dieser Prozeß, mit dem Sie einen tieferen Zugang zu Ihrem inneren Zentrum finden, sowohl ohne Anstrengung funktionieren, als auch sehr wohltuend sein. Es geht dabei weder um komplexe Konzepte, noch um die Konfrontation mit ernstlichen Traumata. Sie werden ganz einfach Ebenen in sich wiederentdecken, die Sie aufgrund gewohnheitsmäßiger Denkmuster beseitegeschoben haben.

Ich hoffe, daß Sie sich ganz unvoreingenommen mit diesem Programm auseinandersetzen, gespannt auf neue Erfahrungen warten und keine vorgefaßten Vorstellungen davon haben, was Sie ganz tief unten in sich entdecken werden. Wir werden uns mit der Erforschung dieses weiten Universums beschäftigen, das in der Mitte Ihres Seins liegt. Wir machen das in einem Tempo, das Ihnen genügend Zeit läßt, sich zu entspannen, nachzudenken und zu genießen. Man muß bei dieser Suche nirgendwo hingehen und nichts tun, denn Ihr Zentrum existiert gerade jetzt, in diesem Augenblick.

Vielleicht sollten wir genau in diesem Moment mit der Erforschung Ihrer inneren Mitte beginnen. Wir haben über dieses Erforschen geredet, Sie haben diese Worte gelesen und haben über den Prozeß des Zentrierens nachgedacht. Aber wie erleben Sie gerade jetzt, in diesem Augenblick, Ihr inneres Gefühl von Gleichgewicht?

Beachten Sie, was geschieht, wenn Sie nun vier tiefe Atemzüge tun und sich für die Erfahrung, die zu Ihnen kommt, öffnen und Ihre Mitte erleben. Wenn Sie möchten, können Sie jetzt Ihre Augen schließen und einmal nach innen schauen.

Sie werden wahrscheinlich selbst gemerkt haben, daß Ihre Mitte ganz eng mit Ihrem eigenen Körpererleben verbunden ist. Menschen, die geistig sehr unausgeglichen sind, haben in den meisten Fällen auch ein sehr diffuses Gefühl für Ihr körperliches Gleichgewicht. Und eine Verbesserung wird meistens auch ein geistiges und emotionales Gleichgewicht mit sich bringen.

Aus diesem Grund können bestimmte Gleichgewichtshaltungen und ebenso spezielle Bewegungen ganz direkt einen stärkeren Kontakt zu Ihren tieferen emotionalen und spirituellen Zentren fördern. Wir trennen sehr oft die körperlichen Ebenen des Lebens von denen, die wir als die »höheren« Bewußtseinsbereiche ansehen. In der Realität scheint es aber so zu sein, daß die körperlichen, emotionalen, mentalen und intuitiven Funktionen des Bewußtseins eng miteinander verwoben sind und sich gegenseitig beeinflussen.

Wenn Sie Gewohnheiten haben, die Sie daran hindern, sich in Ihrem Zentrum zu fühlen, dann haben Sie aller Wahrscheinlichkeit nach auch Schwierigkeiten mit Ihrem emotionalen und spirituellen Gleichgewicht. Wir werden daher Ihrer Beziehung zu Ihrem Körper viel liebevolle Aufmerksamkeit schenken, bis Sie ohne jede Anstrengung Ihre Aufmerksamkeit auf die subtileren Zentren richten können, die in Verbindung mit Ihrem körperlichen Zentrum existieren.

Wenn wir von unserem körperlichen Zentrum sprechen, dann müssen wir auch die Welt, in der wir leben, mit in unsere Diskussion einbeziehen und ganz besonders den Planeten, auf dem wir leben. Die Schwerkraft ist schließlich ein wesentlicher Aspekt, wenn es um das Gefühl von Gleichgewicht geht. Und das Zentrum von uns Menschen ist tief mit der elementaren Beziehung zum Planeten verwurzelt. Zahlreiche kraftvolle Meditationen aus der amerikanisch-indianischen und der Tai-Chi-Tradition werden uns in dieser Hinsicht ganz besonders unterstützen.

Während der Lektüre dieses Buches werde ich Ihnen regelmäßig vorschlagen, bestimmte Körperhaltungen, Bewegungen und Atemmeditationen zu machen. Sie sollten diese Übungen aber nur dann machen, wenn Sie auch wirklich Lust dazu haben. Ich werde Ihnen in jedem Kapitel mehrere neue Zentrier-Übungen vorstellen, mit denen Sie dann im weiteren Verlauf experimentieren können. Das heißt, daß Sie jeweils ein Kapitel lesen können und dann

das, was Sie über Ihre Mitte gelesen haben, mit wirklich neuen Erfahrungsmöglichkeiten vermischen, um Ihre Beziehung zu Ihrer Mitte zu intensivieren. Nehmen Sie sich aber die Freiheit, die Übungen, die Sie nicht ausprobieren wollen, auszulassen.
Ich bin mit dieser Kombination von schriftlicher Diskussion und begleitendem Kassettenprogramm äußerst zufrieden. Wenn Sie sich mit den in diesem Buch beschriebenen Bewegungen und Meditationen näher auseinandergesetzt haben, und diese gut genug beherrschen, dann können Sie sich einem Menschen anvertrauen, der Sie bei den verschiedenen Meditationen begleitet. Auf der beiliegenden Kassette befinden sich zwei elementare Sitzungen, die ich im Laufe meiner therapeutischen Praxis entwickelt habe, und die Sie nun außerhalb des formalen therapeutischen Rahmens machen können.

Die Beziehung, die Sie zu der Stimme meiner Kollegin entwickeln werden, während sie Sie bei Ihrem immer intensiveren Kontakt zu Ihrer inneren Mitte begleitet, wird sich als unschätzbar erweisen. Sie können sich von jeglichem Denken und jeder Erwartung lösen und sich völlig in den Fluß des gegenwärtigen Augenblicks einlassen.

Sie werden die Hilfsmittel und die Begleitung für Ihre Suche nach Ihrer inneren Mitte finden. Nehmen Sie sich das heraus, was für Ihr persönliches Wachstum und Ihre Entfaltung am besten ist.

Zum Abschluß dieser Einleitung möchte ich Ihnen noch eine sehr einfache Begegnung mit Ihrem tatsächlichen körperlichen Zentrum vermitteln, damit Sie einen Vorgeschmack auf die jetzt folgenden kraftvollen Meditationen bekommen.

Stehen Sie nach der Lektüre dieser Beschreibung einmal für ein paar Minuten auf. Schließen Sie Ihre Augen, und erleben Sie Ihr inneres Zentrum in dieser Position. Öffnen Sie langsam die Augen und beobachten Sie, wie diese neue visuelle Dimension Ihr Gefühl von Gleichgewicht und das Erleben Ihrer Innenwelt beeinflußt. Bleiben Sie sich anschließend sowohl Ihrer Atmung als auch Ihres Gleichgewichts bewußt, während Sie für ein paar Atemzüge einen Fuß ein wenig vom Boden abheben. Können Sie spüren, wie Ihr körperliches Zentrum sich an die Schwerkraft anschließt?

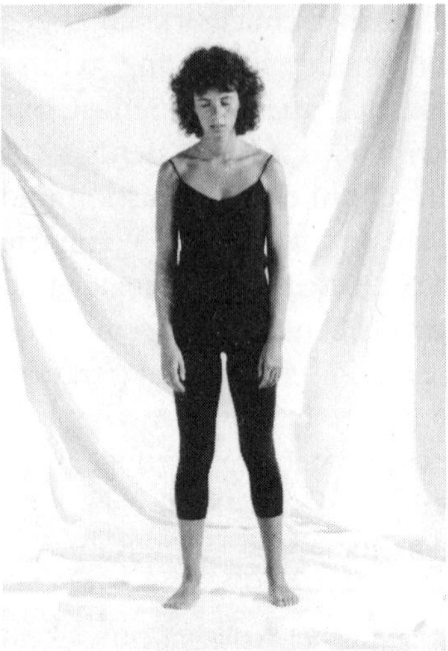 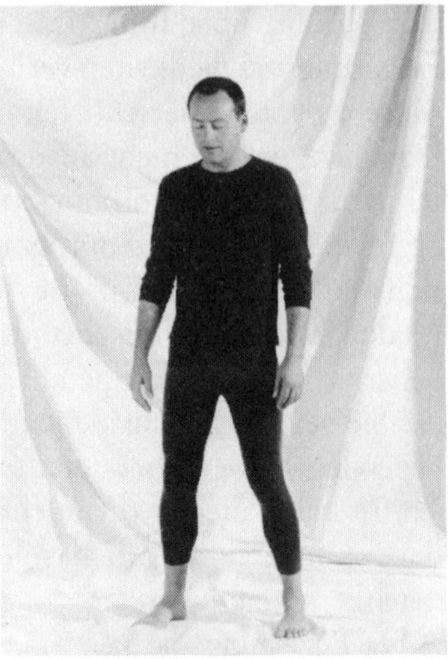

Schließen Sie danach wieder für einen Moment die Augen. Was geschieht mit Ihrem inneren Gleichgewichtsgefühl?

Öffnen Sie die Augen, stellen Sie sich wieder auf beide Füße, und erspüren Sie, wo sich Ihre innere Mitte befindet.

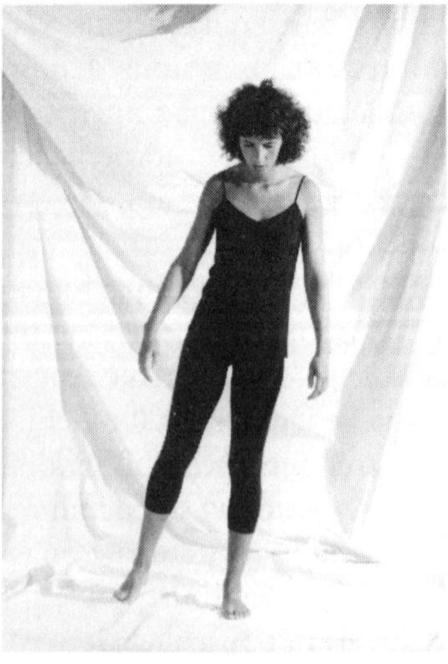 

Heben Sie dann den anderen Fuß etwas an, und erleben Sie in Ihrem Körper Ihr neues Gefühl von Gleichgewicht.

Zum Schluß stellen Sie sich wieder auf beide Beine und schließen die Augen. Schließen Sie sich an Ihr Gleichgewichtsgefühl an, und öffnen Sie sich inmitten dieser körperlichen Erfahrung für alle möglichen Bewußtseinserweiterungen. Erforschen Sie dabei das einzigartige Erleben des gegenwärtigen Augenblicks.

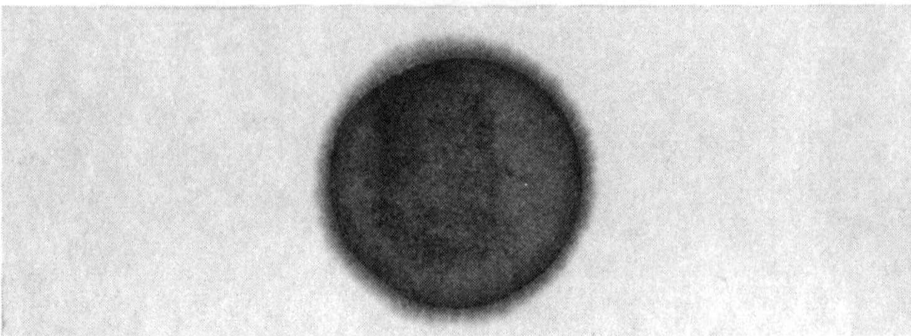

Kapitel 1

Der fokussierte Atem

Natürlich erlebt jeder von uns die Welt aus seinem einzigartigen Bewußtseinszentrum heraus. Soweit wir es aufgrund unserer persönlichen Kenntnis wissen, liegt die Mitte des Universums irgendwo unendlich tief in uns. Die Logik sagt uns jedoch, daß wir gar nicht das Zentrum des Universums sein können, obgleich wir diesen zentralen Punkt in unserem Bewußtsein spüren. Wie können überhaupt Milliarden von Menschen gleichzeitig das Zentrum des Universums sein?

Aber die Erfahrung geht weiter. Sie spüren das Zentrum der Realität ganz tief in sich, und ich erlebe das Zentrum der Realität tief in mir. Es handelt sich hier um einen der elementarsten Widersprüche des menschlichen Bewußtseins, bei dem wir uns auf das eine oder andere einigen müssen.

Es passiert nur zu oft, daß uns im Laufe des Erwachsenwerdens unser analytischer Verstand dazu ermuntert, unsere erfahrbaren Gefühle zu beherrschen, und wir kommen an einen Punkt, an dem wir unser Wissen, daß wir das Zentrum des Universums sind, beiseiteschieben und uns mehr auf wissenschaftliche Konzepte verlassen. Im Laufe der Zeit brechen wir den direkten Kontakt mit unserem Zentrum ab und verlieren damit eine sehr wichtige Beziehung zu unserem inneren Gefühl von Gleichgewicht.

In diesem Buch werde ich Sie immer wieder dazu ermuntern, diesen Prozeß der Verleugnung, der wahrscheinlich im Laufe Ihres Erwachsenwerdens stattgefunden hat, umzukehren. Am Anfang mag es natürlich ziemlich anmaßend und selbstherrlich klingen, wenn einer sagt, daß Sie das Zentrum Ihres Universums sind. Aber das bewußte Akzeptieren dieser Vorrangstellung in Ihren eigenen Lebenserfahrungen wird ein Gefühl von Demut mit sich bringen.

Aber ich möchte mich nicht allzu lang mit diesem Thema aufhalten, weil es hier nicht unser Ziel ist, noch größere Konzepte über die spirituellen Ebenen zu schaffen. Es scheint vielmehr angebracht, ganz genau hinzuschauen und zu erspüren, was man selbst erlebt.

Ich möchte Ihnen jetzt einige Straßenkarten für Ihre „innere Zentrale" geben. Und wenn Sie auf Ihr eigenes Zentrum zusteuern, können Sie schauen, was Sie dort über die Beziehung zwischen meinem und Ihrem Zentrum finden.

Eines der Hauptanliegen jeder spirituellen Tradition ist die Erweiterung der Bewußtheit auf die Atmung. Auch in meiner therapeutischen Arbeit ist mir klar geworden, daß das Zentrieren ein Vertiefen der Beziehung zum eigenen, natürlichen Atmungsprozeß erforderlich macht.

Erstaunlicherweise haben sehr viele Menschen eine Aversion dagegen, Ihren eigenen Atmungsprozeß zu beobachten. Im Laufe der letzten Jahre habe ich hauptsächlich mit ganz normalen, gesunden Menschen gearbeitet, die an der positiven Entfaltung Ihrer Persönlichkeit interessiert waren. Diese Klienten haben mir sehr oft ganz offen heraus gesagt, daß Sie zu mir gekommen seien, um Ihr Bewußtsein in neue und aufregende Dimensionen zu bringen, und nicht, um dazusitzen, und ihre Atmung zu beobachten. Schließlich sei die Atmung immer präsent und man könne nichts Neues entdecken, wenn man so einen untergeordneten physiologischen Prozeß beobachte.

Wenn aber dieser Widerstand gebrochen ist, interessiert sich der Klient urplötzlich für diesen ganz einfachen Akt, der darin besteht, Luft in die Lungen aufzusaugen und sie dann wieder auszuatmen.

Es gibt wirklich nichts Interessanteres als die eigene Atmung, denn sie dient als Sprungbrett in die tieferen Schichten des Bewußtseins und agiert als Zentrierpunkt, von dem aus man in weite innere Räume gehen und dabei dennoch in seinem irdischen Körper bleiben kann.

Eines der intensivsten Ereignisse in Ihrem Leben, sozusagen ein Initiationsritual für das Leben auf diesem Planeten, war der

Moment, in dem Sie bei Ihrer Geburt zum ersten Mal nach Luft geschnappt haben. Sie mußten sich nicht selbst ans Atmen erinnern, es gab da keine bewußte Entscheidung darüber, daß es jetzt eine gute Idee wäre, Sauerstoffmoleküle zu sammeln, um Ihr inneres Feuer lodern zu lassen. Dieser erste Atemzug kam als Geschenk von Ihrem genetischen Erbe. Kurzum, Ihre Geburt hat den Atemreflex stimuliert, und Ihr Gehirn hat vorprogrammierte Befehle an die Muskeln in Ihrem Körper ausgesandt, die dann dieses erste Luftschnappen in Gang gesetzt haben.

Oft glauben wir, daß im Leben die spirituellen und wissenschaftlichen Bereiche Gegensätze seien und sich auf elementaren Ebenen grundlegend widersprächen. Je intensiver sich die Wissenschaft jedoch mit der Entstehung des Lebens auseinandergesetzt hat, und je mehr Menschen auf der spirituellen Suche nach der erfahrbaren Quelle des Lebens sind, desto deutlicher wird, daß Wissenschaft und Geist ein und dasselbe sind. Und wir können das ganz deutlich sehen, wenn wir die Atmung als wichtigen Zentrierpunkt des Lebens zu erforschen beginnen.

Wissenschaftlich gesehen ist der Atemreflex eine vorprogrammierte Körperfunktion, die durch die eigene genetische Erbmasse erzeugt wird.

Aber genauso wichtig wie die evolutionäre Dimension der Atemmeditation ist die Dimension, die man durch das Beobachten der Atmung im gegenwärtigen Augenblick erfährt. Haben Sie sich je klar gemacht, daß Ihre Atmung nur im gegenwärtigen Augenblick stattfindet?

Schauen Sie sich einmal Ihre nächsten vier Atemzüge an, beobachten Sie deren Kommen und Gehen, und schauen Sie einmal, ob diese irgendwo anders als im fortwährenden gegenwärtigen Augenblick existieren. Wenn Sie möchten, können Sie Ihre Augen schließen und herausfinden, ob das auf Sie zutrifft:

Der spirituelle Weg ist wirklich nichts anderes als die Suche nach dem ewigen Jetzt, wenn Sie erst einmal sämtliche Sackgassen der

Phantasie eliminiert haben und sich schließlich auf den Ursprung Ihres Seins konzentrieren. Die Vergangenheit ist letztendlich nichts anderes als eine Erinnerungs- und Sammelstelle der Momenterfahrungen, die man gemacht hat, und die Zukunft schließlich ist die Projektion von früheren Erfahrungen auf zukünftige Möglichkeiten.

Alles passiert im Hier und Jetzt, und das Hier und Jetzt ist natürlich der einzige Ort der eigenen Mitte. Es scheint demnach ganz einfach zu sein, das Satori oder Nirvana zu erlangen. Voraussetzung ist, daß man ganz einfach ständig im gegenwärtigen Augenblick bleibt. Versuchen Sie doch einmal, wie lange Sie sich Ihrer Atmung, die Ihr elementarer Orientierungspunkt für den gegenwärtigen Augenblick ist, bewußt bleiben können. Schauen Sie auf die Uhr, und beobachten Sie, wieviele Minuten (oder Sekunden) verstreichen, bis der Moment kommt, in dem Sie nicht mehr bewußt atmen!

Die meisten Menschen haben ein Limit von ungefähr sechs bis acht Atemzügen oder ungefähr einer Minute, bevor sie ihr eigenes Körperbewußtsein wieder verlieren. Nach diesem Test fangen viele Menschen an, die Geduld mit mir zu verlieren und beharren darauf, daß das Leben aus mehr besteht als aus dem bloßen Beobachten der einfältigen Atemzüge, daß es viel wichtigere Dinge gibt als das bewußte Atmen, und daß man letztendlich selbst darüber entscheiden muß, was wichtig ist und was nicht. Wir können ja schließlich nicht alles auf einmal bewußt wahrnehmen.

Oder können wir das?

Die großen spirituellen Meister waren vor allem diejenigen, die wirklich bewußt atmen und gleichzeitig auch andere Dinge bewußt wahrnehmen konnten. Das heißt, sie hatten dauernd Kontakt zu ihrer inneren Mitte, konnten aber auch das, was um sie herum passierte, erleben und hundertprozentig an ihrer Umwelt beteiligt sein.

Ich habe viele sogenannte spirituelle Meister gekannt, und ich muß sagen, daß ich diese Lehrer nicht höher einschätze als mich selbst oder irgendeinen anderen Menschen. Will man ein spiritueller Lehrer werden, so muß man alles andere völlig loslassen können, und wir alle können auf unsere Weise erfüllt sein, ohne dabei irgendeinem Erleuchtungsideal oder der allerhöchsten Transzendenz des irdischen Lebens nachzujagen.

Aber wir können von Menschen, die sich in ihrem Leben mit dem bewußten Atmen beschäftigt haben, wesentliche Dinge lernen. Es ist durchaus möglich, sich seiner Atmung bewußt zu sein und sich dabei gleichzeitig zu unterhalten, seine Schuhe zuzubinden, oder die Schönheit seines(r) Geliebten zu betrachten. Es ist auch möglich, sein inneres Zentrum zu beobachten und dabei gleichzeitig einen Geschäftsvertrag auszuhandeln oder ein neues Computerprogramm zu entwickeln.

Ich habe folgende Erfahrung gemacht: Diejenigen, die ein Verhältnis zu ihrer Atmung und ihrem körperlichen Gleichgewicht haben, während sie ihren normalen Verpflichtungen im Leben nachkommen, können sich viel besser völlig in diese Routine einlassen und das tagtägliche Überleben mit der Transzendenz des Geistes verbinden. Dieses Einssein von spiritueller Wachsamkeit und Alltagsleben scheint vielleicht unser höchstes Ziel zu sein, wenn wir schon mal dabei sind hier irgendwelche Spielregeln aufzustellen.

Ich hoffe, ich habe genug gesagt, um Ihnen meine tiefe Verehrung für diesen einfachen Akt des Atmens zu vermitteln. Ich habe in anderen Büchern ausführlich über die eher psychologischen und physiologischen Aspekte der Atmung geschrieben, für den Fall, daß Sie sich darüber näher informieren. Wir wollen jetzt vom Denken zur Atmung übergehen und bestimmte Atemspiele machen, die Ihnen den Stellenwert Ihres eigenen bewußten Atmens im gegenwärtigen Augenblick vermitteln.

Das Beobachten des Atems wie im Zen

Ich habe viele Jahre gebraucht, bis ich in der Lage war, klar zu vermitteln, wie man sein eigenes Atemzentrum findet, und ich möchte meinen vielen Klienten danken, die mir geholfen haben, eine so einfache Methode zu entwickeln. Ich hoffe, daß auch Sie diese Technik gut gebrauchen können.

Man muß zunächst einmal zwischen dem »ans Atmen denken« und der tatsächlichen Erfahrung des Atmens unterscheiden. Um das tun zu können, müssen wir unsere Gedanken auf einen bestimmten Stimulationsbereich lenken, der durch jedes Ein- und Ausatmen gefördert wird.

Der Fokus Ihrer Aufmerksamkeit ist Ihre Nase und das tatsächliche Fühlen, wie bei jedem Atemzug Luft durch Ihre Nase ein-und ausströmt. Diese Sinneswahrnehmung läßt Sie in direkten Kontakt zu Ihrer unmittelbaren Atmung kommen.

Was erleben Sie, wenn Sie einen Moment lang Ihre Augen schließen und vier Atemzüge lang die Luft beobachten, die durch Ihre Nase ein- und ausströmt? Beobachten Sie vor allem die unterschiedlichen Empfindungen, die mit jedem neuen Aus- und Einatmen entstehen. Haben Sie Geduld mit sich, wenn Sie am Anfang diese direkten Empfindungen nicht so bewußt erleben. Das wird sich mit weiteren Meditationen schnell ändern:

Die Erfahrung, die Sie gerade gemacht haben, und die sich auf alle Sinnesempfindungen Ihres Körpers ausgeweitet hat, ist eine elementare Zen-Meditation.

Im gleichen Augenblick, in dem Sie diese direkten Sinnesempfindungen erlebt haben, findet noch eine andere Sinnesempfindung statt, die das Atmen mit einschließt: die Bewegungen in Ihrem Körper, die durch Muskelkontraktion und Entspannung beim Ein- und Ausatmen entstehen.

Beobachten Sie, was im nächsten Atemzyklus geschieht, wenn Sie sich auf das Ein- und Ausströmen der Luft durch die Nase konzentrieren, und dann, während Sie atmen, Ihr Bewußtsein auf die Bewegungen in Ihrem Brustkorb, Ihrem Bauch, Ihrer Wirbelsäule und Ihren Rippen lenken. Wenn Sie möchten, können Sie jetzt Ihre Augen schließen, oder zumindest nicht mehr auf diese Buchseite schauen, während Sie Ihre Aufmerksamkeit auf die nächsten vier Atemzüge richten:

Wenn es irgend etwas gibt, was *Sie* ausmacht, dann ist es das, was Sie gerade erlebt haben. Sie sind Ihre Atmung. Jeder Atemzug spiegelt zum Beispiel wider, wie Sie sich emotional fühlen. Und während sich Ihre Gefühle verändern, verändert sich auch Ihre Atmung. Sie ist integraler Bestandteil Ihres momentanen Zustandes. Sie brauchen nur Ihre Atmung zu beobachten, dann wissen Sie, wie Sie sich fühlen.

Die Atmung ist jedoch nicht nur ein Merkmal für Ihre Gefühle und Bewegungen. Sie können ganz bewußt Ihre Atmung verändern und damit große Wandlungen in Ihren Gefühlen und Körperfunktionen hervorrufen. Dieses Manipulieren der Atmung finden wir besonders in der Yoga-Tradition, und wir können von der Yogi-Atemmeditation sehr viel über uns selbst und unsere Fähigkeiten lernen. Ich bin kein großer Anhänger dieses gewohnheitsmäßig kontrollierten Atmens, und ich warne Sie davor, sich durch solche Yoga-Praktiken vereinnahmen zu lassen. Andererseits bringt es oft viel, wenn man ab und zu die Bewußtseinsveränderungen erforscht, die man durch eine gezielte Atemtechnik erzeugen kann.

Yogi-Atmungstechniken

Ich möchte hier nur ganz kurz auf dieses umfangreiche Thema eingehen. Gerade haben Sie die Zen-Atmung gelernt, bei der es darauf ankommt, seiner Atmung freien Lauf zu lassen. Nun machen wir das genaue Gegenteil: Kontrollieren Sie ihre Atmung ganz bewußt, und beobachten Sie, wie sich Ihre Gefühle für Ihre innere Mitte wandeln, wenn Sie Ihren Atemzyklus verändern.

Die meisten von uns haben extrem unregelmäßige Atemmuster. Einige von uns atmen schnell ein, halten ihren Atem für kurze Zeit an und atmen dann wieder langsam aus. Einige atmen nur zur Hälfte ein, atmen wieder schnell vollständig aus und halten ihren Atem dann gewohnheitsmäßig nach dem Ausatmen an. Und andere wiederum atmen langsam ein, atmen dann nur zur Hälfte aus, bevor sie wieder einatmen. Und jeder von uns verändert seinen Atemzyklus ganz beträchtlich, je nachdem, was wir gerade tun, mit wem wir zusammen sind, was wir gerade denken etc.

Ich schlage Ihnen jetzt vor, daß Sie einatmen und dabei auf zwei zählen, Ihren Atem halten, wieder auf zwei zählen und ausatmen und auf zwei zählen und wieder bis auf zwei völlig ausgeatmet bleiben. Machen Sie dieses Grundatemmuster vier Atemzyklen lang. Versuchen Sie es einmal; vielleicht wollen Sie es mit geschlossenen Augen machen, damit Sie eine größere Wirkung erzielen:

Hat sich in Ihrem Bewußtsein irgend etwas verändert, während Sie diese Atemübung gemacht haben?

Haben Sie gemerkt, daß Sie die Zen-Atmung, die Sie bereits vorher in diesem Kapitel gelernt haben, mit diesem Yogi-Atemmuster verbinden können? Sie konnten trotz allem die Luft, die durch Ihre Nase ein- und ausströmte und die Bewegungen in Ihrem Körper spüren, während Sie dabei geatmet haben. Zweifelsohne ist dieses Zen-Bewußtsein Grundlage aller Atemtechniken. Durch diese kontrollierte Yogi-Atmung erreicht man eine zusätzliche Bewußtseinsdimension. Die Yoga-Tradition lehrt natürlich

ebenfalls eine solche bewußte Sinneswahrnehmung, und wir sollten uns hier nicht übermäßig mit traditionellen Bezeichnungen aufhalten. Wichtig ist die Erfahrung an sich, und die Art und Weise, wie Sie anfangen, Ihr Zentrum zu erforschen, wenn Sie beim Atmen Ihre Aufmerksamkeit erweitern.

Zum Abschluß möchte ich Ihnen noch ein paar Variationsmöglichkeiten dieser Yogi-Atmung geben. Schauen Sie einmal, was passiert, wenn Sie beim Einatmen bis auf zwei zählen, dann bis auf zwei eingeatmet bleiben, dann ausatmen und auf vier zählen und dann bis auf vier ausgeatmet bleiben. Dies vermittelt Ihnen ein ganz neues inneres Gefühl. Nachdem Sie dieses Atemmuster vier Zyklen lang mit geschlossenen Augen gemacht haben, öffnen Sie langsam die Augen. Wie fühlen Sie sich?

Durch bewußtes und kontrolliertes Atmen können Sie die Sauerstoffzufuhr zum Gehirn regulieren und somit Ihre Denkprozesse beeinflussen. Inzwischen ist es auch erwiesen, daß man um so ruhiger wird, je langsamer man im Vergleich zum Einatmen ausatmet. Dies ist eine weitverbreitete Technik für den Abbau von Streß. Sie

wird selbst von Ärzten an eine beträchtliche Zahl von Managern weitergegeben, die mit diesem kurzen Exkurs in die Bereiche des Yoga ziemlich zufrieden zu sein scheinen.

Wenn Sie möchten, können Sie es noch einmal versuchen. Schauen Sie einmal, ob Ihr Einatmen genauso lang wie Ihr Ausatmen sein kann, ohne daß Sie dabei den Atemfluß unterbrechen. Beobachten Sie einmal ganz entspannt den Moment, in dem Ihre Atmung sich vom Einatmen ins Ausatmen umkehrt, und wieder vom Ausatmen ins Einatmen übergeht. Genau an diesen Umkehrpunkten haben viele Mystiker intensive Zentriererfahrungen. Machen Sie das gleiche noch einmal, und zwar ungefähr vier Atemzüge, mit geschlossenen Augen, dann öffnen Sie sie wieder und atmen ein paar Atemzyklen ganz frei weiter, um zu sehen wie Sie sich fühlen:

Sie kennen jetzt das Beobachten des Atems aus der Zen-Meditation, die beiden kontrollierten Yoga-Atemübungen und diese letzte »Umkehr-Atem«-Meditation, die ich als Elfjähriger von einem alten Mexikaner gelernt, und die ich später bei den meisten spirituellen Traditionen der Welt wiedergefunden habe. Jede einzelne dieser vier Atemmeditationen wird Sie zu Ihrer inneren Mitte bringen, und ich ermuntere Sie dazu, sie auswendig zu lernen und in der kommenden Woche regelmäßig durchzuführen, bis sie

Ihnen ganz vertraut werden und für Sie immer verfügbar sind, wenn Sie gerade ein paar Minuten Zeit haben. In diesen Augenblikken öffnet sich Ihnen ein Fenster, durch das Sie in Ihre Seele schauen können.

Wenn Sie merken, daß Ihr Verstand Sie bei diesen Meditationen ablenkt, beschäftigen Sie Ihre Gedanken, während Sie Ihre Atmung beobachten.

Sagen Sie einfach bei jedem Ausatmen langsam und ohne Anstrengung: „Ich bin hier."

Diese Worte regen Ihre Gedanken während der Meditation nicht an, sie bestätigen einfach die Realität, auf die Sie bereits auf der Erfahrungsebene konzentriert sind. Und so kommen Ihre Gedanken und Gefühle zusammen! Lassen Sie Ihre Gedanken bei jedem neuen Einatmen zur Ruhe kommen, während Sie spüren, wie sich Ihre Lungen mit Luft füllen. Sagen Sie diese Worte nur dann, wenn sie von selbst kommen.

Bei diesen Atemmeditationen sind Sie mit ziemlicher Wahrscheinlichkeit auf ein anderes natürliches Phänomen Ihres Körpers gestoßen, ein Gefühl, das nur im gegenwärtigen Augenblick passiert und dazu beitragen kann, daß Sie Ihre Bewußtheit auf Ihr inneres Zentrum lenken.

Ich meine natürlich Ihren Herzschlag.

Der nächste Schritt in diesem Zentrierungsprozeß besteht darin, daß Sie Ihre Aufmerksamkeit erweitern, um sowohl Ihre Atmung als auch Ihren Herzschlag miteinzubeziehen. Wenn Sie bereit sind – nachdem Sie mit diesen Atemmeditationen etwas gespielt haben – sich auf diesen nächsten Schritt einzulassen, werden wir jetzt ein neues Kapitel anfangen.

Kapitel 2

Der Zen-Herzschlag

Haben Sie jemals darüber nachgedacht, wann Sie sich zum allerersten Mal Ihrer eigenen tiefen Mitte bewußt geworden sind?

Denken Sie zurück an die Zeit, als Sie völlig glücklich durch die Zeitlosigkeit im Mutterleib trieben. Am Anfang hatten Sie noch keinen eigenen Herzschlag und haben den Puls Ihrer Mutter nur ganz vage wahrgenommen, während Sie gleichzeitig die lebenswichtige Nahrung aus dem Verbindungsnetz zwischen Ihnen und Ihrer Mutter bekommen haben.

Aber an einem bestimmten Punkt begann Ihr eigenes Herz in Ihrem Körper zu pulsieren. In dem Moment, als Ihr Herz anfing regelmäßig zu schlagen, haben Sie auf einer ganz wichtigen Ebene ein Gespür für Ihr eigenes Zentrum bekommen. Bestimmte Rückführungstechniken zeigen, daß das Einsetzen unseres eigenen Herzschlages das Ereignis war, das in jedem von uns ein Zeit- und Identitätsgefühl in Gang gesetzt hat.

Interessanterweise waren wir uns schon lange bevor wir aus dem Mutterleib gekommen sind und mit dem Atmen anfingen, unseres Herzschlages bewußt. Merkwürdigerweise begann unser Herz erst mit dem ersten Atmen bei der Geburt unregelmäßig zu schlagen.

Vielen Menschen fällt es schwer, sich nur einen Moment auf ihren Herzschlag zu konzentrieren. Falls Sie zu diesen Menschen gehören, ist mir klar, daß Sie dieses Kapitel mit einigem Unwohlsein lesen. Ihr Verstand sagt Ihnen: „Warum soll ich denn ausgerechnet meinem Herzschlag irgendwelche Aufmerksamkeit widmen, mein Herz schlägt sowieso dauernd, und es bringt nichts, wenn man so etwas Monotones beobachtet."

Aber bitte überlesen Sie dieses Kapitel nicht völlig. Ich habe mich sehr intensiv mit dem bewußten Erleben des Herzschlages befaßt, und ich kann Ihnen einfache, wohltuende, fröhliche und aufschlußreiche Wege zeigen, um in eine intensivere Beziehung zu Ihrem Herzen zu kommen. Wenn man über so ein Problem wie das des Herzschlags stolpert, heißt das, daß man den Pfad auf der Suche nach tieferem Kontakt zu seiner inneren Mitte aus dem Auge verliert.

Ich möchte damit nicht sagen, daß das bewußte Erleben des Herzschlags die Essenz eines inneren Gleichgewichts ist, aber es ist ein wichtiger Aspekt, der in die ganze Erfahrung zu integrieren ist.

Wenn man seine gesamte Aufmerksamkeit einfach auf seinen Herzschlag richtet, bringt das nicht gerade sehr viel. Die Herausforderung besteht darin, daß Sie sich Ihrer Atmung bewußt sind, so wie wir das im ersten Kapitel gelernt haben, und dann Ihr Bewußtsein um eine Stufe erweitern, so daß Sie Ihren Herzschlag mitten in Ihrer Atemerfahrung erleben. Tut man das, so ist das ein gigantischer Schritt auf dem Weg zu spirituellem Wachstum, obwohl das vielleicht auf den ersten Blick ziemlich weltlich erscheinen mag. Bevor ich diesbezüglich noch mehr sage, versuchen Sie das genau jetzt in diesem Moment einmal, und schauen Sie, was Sie dabei erleben.

Konzentrieren Sie sich einfach auf die durch die Nase ein- und ausströmende Luft. Erweitern Sie Ihr Bewußtsein, und schließen Sie die Bewegungen in Ihrem Körper, die mit der Atmung einhergehen, mit ein. Erlauben Sie Ihrem Bewußtsein, sich mühelos zu erweitern, um Ihren Herzschlag mitten in Ihrer Atemerfahrung zu spüren. Am besten funktioniert das, wenn die Augen dabei geschlossen sind.

Die Kombination dieser beiden wichtigen Erfahrungen Ihrer aktiven Lebenskraft trägt dazu bei, daß Sie ein tieferes Gefühl für Ihre eigene innere Mitte bekommen. Ihre Atmung stellt den Kontakt mit der Luft her, die um Sie herum ist und die Sie in Ihren Körper aufnehmen, damit Ihr inneres Feuer brennt. Aber erst in dem Moment,

wo der Sauerstoff Ihre Lungen verläßt und in die Blutbahnen gelangt, finden die Zellen Zugang zu dem lebenswichtigen »Prana« (Lebensenergie) aus der Atmosphäre.
Herz und Lunge sind natürlich sehr enge Freunde. Das Herz befindet sich direkt unterhalb der Lunge, und mit jedem Ein- und Ausatmen bekommt Ihr Herz von Ihren Atemmuskeln eine wunderschöne Massage. Auf einer noch verbindenderen Ebene sind Ihre Lungen voller Blutgefäße, die den Austausch von Sauerstoff und Kohlendioxyd ermöglichen. Mit jedem neuen Atemzug und dem dazugehörigen Herzschlag geht der ganze Prozeß Ihres Lebens einen Schritt weiter.

Deshalb müssen wir also unser Bewußtsein erweitern und unseren Herzschlag und die Atmung gleichzeitig miteinbeziehen, um ein einheitlicheres Gefühl für unsere Mitte zu bekommen.

Wenn Sie Ihren Herzschlag und Ihre Atmung gemeinsam erfahren, erleben Sie damit Ihr Weiterbestehen als menschliches Wesen, und zwar von Augenblick zu Augenblick. Aufgrund dieser beiden lebensnotwendigen integrierten Ereignisse, die in Ihnen ablaufen, wissen Sie, daß Sie leben.

Es stellt sich natürlich die Frage, wie Sie zu einer solchen direkten Erfahrung mit Ihrer eigenen Lebendigkeit stehen?

Wir wollen noch etwas tiefer in diese Atem/Herz-Meditation hineingehen. Denken Sie diesmal daran, daß Sie Ihren Herzschlag nicht nur in Ihrer Brustgegend fühlen, sondern in Ihrem ganzen Körper, überall dort, wo Sie Ihren Puls spüren können. Die meisten Menschen beschränken sich oft auf die Stelle, wo sich das Herz befindet, und meist bestehen gerade dort große Blockaden gegen eine Berührung. Aber Sie können diese »Aufmerksamkeitsblockaden«, falls Sie solche haben, sofort umgehen, indem Sie einfach Ihren Herzschlag an anderen Stellen in Ihrem Körper spüren.

Wenn Sie sich gerne Ihres Denkapparates bedienen wollen, dann können Sie das Wort »Atmung« sagen, während Sie dabei ein- oder zweimal ausatmen, um Ihre gesamte Aufmerksamkeit auf die Empfindungen der durch die Nase einströmenden Luft und auf die

Atembewegungen in Ihrem Körper zu lenken. Anschließend können Sie bei den nächsten Ausatemzügen »Herzschlag« oder »Puls« sagen. Bleiben Sie sich dabei aber auch Ihrer Atmung bewußt. Erleben Sie einmal mit geschlossenen Augen diese neue Erfahrung:

Wenn es Ihnen immer noch ein bißchen schwer fällt, Ihren Herzschlag zu fühlen, dann möchte ich Ihnen als Unterstützung eine Ganzkörper-Übung geben, durch die Sie auch in den Sitzungen auf der Kassette geführt werden. Übrigens sind die meisten Meditationen und Übungen, mit denen wir uns im schriftlichen Teil beschäftigen, auch auf der Kassette, um Sie tiefer in die Erfahrungen hineinzubringen.

Das Herz-Beobachten

Um Ihr Herz in einen energiereicheren Zustand zu versetzen, ist es gut, wenn Sie zunächst einmal nach der Lektüre aufstehen und etwas in Ihrem Zimmer herumgehen und anschließend vielleicht etwas rennen. Beobachten Sie, wie sich Ihre Atmung und auch Ihr Herzschlag als Reaktionen auf diese Bewegungen verändern.

Stellen Sie sich anschließend mit geschlossenen Augen hin, entspannen Sie sich etwas, und lenken Sie Ihre Aufmerksamkeit wieder auf Ihre Atmung. Sie können ebenfalls die Luft, die durch Ihren Mund ein- und ausströmt fühlen, falls Sie nach dieser körperlichen Anstrengung immer noch in dieser Weise atmen, aber Sie werden merken, daß das Atmen durch die Nase hier eine intensivere Wirkung hat.

Erweitern Sie dann Ihre Aufmerksamkeit auch auf Ihren Herzschlag in Ihrem Brustkorb und auf das pulsierende Blut in Ihrem Körper. Versuchen Sie, ob Sie vier bis sechs Atemzüge in diesem erweiterten Bewußtseinszustand verweilen können. Öffnen Sie anschließend Ihre Augen, und beobachten Sie, ob Sie mit geöffneten Augen tief in Ihrem inneren Zentrum bleiben können.

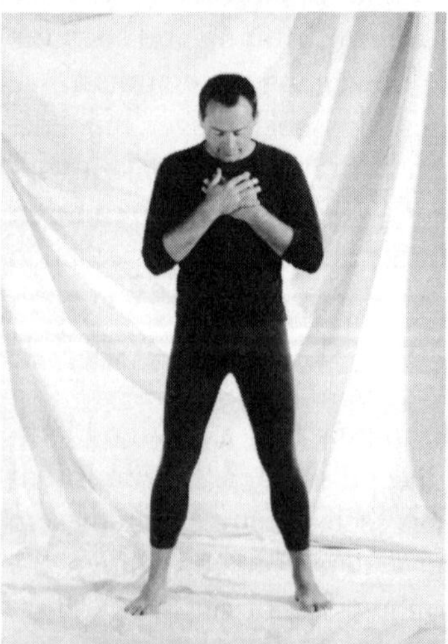

Kapitel 3

Inneres Gleichgewicht

Wenn wir mit der Annäherung an unser inneres Zentrum praxisbezogen fortfahren wollen, stoßen wir als weitere elementare Erfahrung auf die Schwerkraft. Wir haben über diesen Aspekt bereits in der Einleitung gesprochen, und wir wollen jetzt darauf noch intensiver eingehen. Als Sie noch ganz friedlich in Ihrem Fruchtwasser im Mutterleib herumschwammen, hatten Sie noch keinen Bezug zu dieser Ebene der Schwerkraft. Sie konnten Ihr Zentrum durch das starke Pumpen Ihres Herzens fühlen, aber Ihr eigenes räumliches Körperbewußtsein war gleich Null.

Dann kam das große kraftvolle Erwachen, genannt Geburt, und plötzlich wurde Ihr Körper fast von einer unsichtbaren Kraft überwältigt, die Sie herunter in die Erde saugen wollte. Normalerweise ist die Schwerkraft für uns so etwas Selbstverständliches, daß wir den enormen Schock, den wir erlitten haben, als wir diese Kraft zum ersten Mal gespürt haben, vergessen. Aber Rückführungen haben uns über diese Erfahrung einige Klarheiten vermittelt und uns gezeigt, was für eine drastische Erfahrung das für das neugeborene Bewußtsein war.

Zusammen mit der ungeheuren Wucht der Schwerkraft auf den Körper des Säuglings kommt natürlich eine einzigartige neue Chance, sein eigenes Zentrum im Körper zu erfahren. Ohne Schwerkraft wären wir in einem anderen Bewußtseinszustand. Die Astronauten haben viel über diesen Aspekt gesprochen, obwohl ihr Bewußtsein während des Fluges sehr stark auf die technologischen Bereiche gerichtet war und weniger auf das Problem, sich in einen tiefen meditativen Zustand zu begeben.

Um dieses Bewußtsein, das durch den Druck der Schwerkraft erzeugt wird, an sich selbst zu erleben, schließen Sie ein paar Minuten Ihre Augen und beobachten, ob Sie spüren können, wie die Schwerkraft und Ihr Körper zusammenspielen.

Wenn es darum geht, sein körperliches Zentrum zu finden, dann ist sicherlich die Schwerkraft ein maßgeblicher Faktor. Wir können unsere Knochen, Muskeln, vor allem unsere Wirbelsäule nur in Verbindung mit dem Gegendruck der Schwerkraft spüren.

Sie brauchen dazu noch nicht einmal auf einem Bein zu stehen und die Gleichgewichtsübung zu machen. Sie machen jeden Moment, den Sie nicht in einer völligen Ruheposition sind, erstaunliche Gleichgewichtskunststücke. Bedingung der Schwerkraft ist es, daß man in seinem inneren Zentrum bleibt, zumindest was die körperliche Ebene anbelangt – sonst fällt man eben um!

Sich dieser kontinuierlichen Gleichgewichtsaktivität bewußt zu werden, heißt sein Bewußtsein noch um einen weiteren wichtigen Schritt erweitern, um seinem ursprünglichsten Zentrum begegnen zu können. Gemeint ist das Bewußtsein als solches. Wir können den ganzen Tag damit bestreiten, uns unseres Körpers völlig unbewußt und in Gedanken verloren zu sein und fallen trotzdem nicht auf die Nase. Aber wenn wir unser Bewußtsein regelmäßig erweitern, um unser körperliches Gleichgewicht zu spüren, dann schließen wir uns an die fortwährende Orientierungshilfe des Planeten an und halten damit auch unser inneres Zentrum auf tieferen Ebenen.

Ich empfehle Ihnen vor allem, daß Sie sich regelmäßig des Gleichgewichts Ihres Kopfes auf Ihren Schultern und der Wirbelsäule bewußt sind. Dieses ist ein sehr entscheidendes Bewußtsein, das fast augenblicklich ein mentales und emotionales Gleichgewicht mit sich bringt.

Versuchen Sie jetzt einmal, dieses Kopf-Gleichgewicht. Schließen Sie einfach die Augen, beobachten Sie Ihre Atmung, fühlen Sie Ihren Herzschlag, und erweitern Sie Ihr Bewußtsein um das Gefühl, daß Sie Ihren Kopf im Gleichgewicht mit dem Kraftfeld der Erdanziehungskraft halten.

Wenn Sie diese Übung durchführen, werden Sie merken, daß sich Ihr ganzer Körper strecken und bewegen möchte, um ein befriedigenderes Gleichgewichtsgefühl herzustellen. Denn immerhin besteht zwischen Ihrem Kopf und Ihrer Wirbelsäule eine einheitliche Verbindung, und Ihre Wirbelsäule ist ganz eng mit Ihren Armen, Beinen, Händen und Füßen verbunden. Wenn Sie also Ihren Körper ganz bewußt im Gleichgewicht halten, führt das ganz natürlich dazu, daß Sie ein optimales Gefühl von Gleichgewicht in Ihrem ganzen Körper bekommen.

Hier spielt sich etwas ab, was wir uns jetzt noch etwas näher anschauen sollten.

Als Sie sich Ihrer Atembewegungen bewußt geworden sind, haben Sie Ihr kognitives Bewußtsein direkt auf die Muskeln gelenkt, die Bewegungen erzeugen und ein Ein- oder Ausatmen bewirken. Sie haben Ihr Bewußtsein auf Ihren Körper als solchen gelenkt, um all die Stellen Ihres Körpers, die bei der Atmung beteiligt sind, miteinzubeziehen. Wenn Sie nun Ihr Bewußtsein auch noch auf Ihren Herzschlag erweitert haben, wurden Sie sich augenblicklich des Blutflusses im ganzen Körper, vom Kopf bis hinunter in die Zehen bewußt, und Sie haben sich selbst auf tieferen Ebenen wahrgenommen. Wenn Sie sich jetzt noch zusätzlich auf Ihr Gleichgewicht konzentrieren, dann ist der Prozeß vollständig. Sie spüren im Laufe dieses Gleichgewichtsprozesses jeden einzelnen Muskel in Ihrem Körper (sicher mit ein paar Ausnahmen). Ihre geistige Aufmerksamkeit hat sich ohne jede Anstrengung auf Ihr ganzes körperliches Sein eingestimmt!

Jede Bewegung, die Sie machen, verändert Ihr gesamtes räumliches Körpergefühl. Versuchen Sie jetzt, Ihre linke Hand und Ihren linken Arm seitlich auszustrecken, und lesen Sie dabei weiter. Beobachten Sie, ob sich Ihre Atmung verändert, um auf diese neue Stellung zu reagieren. Was macht Ihr Herzschlag? Und Ihr ganzes Gleichgewichtsgefühl, wie hat sich das verändert?

Können Sie in dieser Stellung Ihr Zentrum fühlen?

Mit jeder Bewegung erwächst ein einzigartiges und neues Gefühl dafür, wer Sie sind und wo sich Ihr Zentrum befindet. Das scheint etwas sehr Offensichtliches zu sein, aber allzu oft ignorieren wir die Tatsache, daß sich unser Zentrum ganz natürlich verändert. Wir meinen, daß wir ein konkretes, etabliertes Zentrum, zumindest auf der körperlichen Ebene, besitzen. Wir reden beispielsweise von unserem Kraftzentrum, das sich tief in unserem Bauch befindet. Aber unsere Erfahrung lehrt uns, daß sich so ein Zentrum durch Bewegung verschiebt.

Und somit erfahren wir immer und immer wieder und ganz direkt mit jeder einfachen Atem/Herz- und Gleichgewichtsmeditation, daß das Universum sich dauernd verändert.

Sie können den gleichen Atemzug nie zweimal machen.

Oder?

Sie können den gleichen Herzschlag nie zweimal fühlen.

Oder?

Und Sie können Ihr Zentrum nie wieder an der gleichen Stelle finden, wo es noch einen Moment vorher war.

Oder?

Wenn wir uns also auf diese drei Elemente unseres Bewußtseins konzentrieren, können wir mit unserer Aufmerksamkeit immer im gegenwärtigen Augenblick und fortwährend mit unserem Zentrum verbunden bleiben, das wir mit jedem neuen Augenblick entdecken.

Nur weil sich unser Zentrum auf dieser Ebene dauernd verändert, müssen wir uns dauernd an diese drei Bewußtseinsdimensionen anschließen, um im tiefsten Inneren im Gleichgewicht zu bleiben. Wäre das Universum nicht einem permanenten Wandel unterworfen, könnten wir in Gedanken und Erinnerungen schwelgen, ohne uns anschließend verloren und desorientiert zu fühlen, wenn wir unser Bewußtsein wieder auf den gegenwärtigen Augenblick und auf unseren Körper lenken.

Selbst auf den subtileren Ebenen der Astronomie und Astrologie wird unser Gleichgewichtsgefühl jede Minute unseres Lebens von den Veränderungen im Kosmos beeinflußt. Wenn wir das im Hinterkopf behalten, dann ist es ziemlich ausgeschlossen, daß wir uns im Leben langweilen! Wissenschaftler haben inzwischen herausgefunden, daß die Anziehungskraft der Sonne und des Mondes in der Tat einen beachtlichen Einfluß auf unseren Körper haben. Unser Gleichgewichtsgefühl muß sich dauernd verändern, um uns wieder mit dem himmlischen Hin und Her in Harmonie zu bringen.

Um eine weitere direkte Erfahrung über die Beziehung Ihres körperlichen Zentrums zu der Anziehungskraft des Planeten zu machen, versuchen Sie sich jetzt einmal ein paar Minuten mit geschlossenen Augen hinzustellen, sich langsam vornüber zu beugen, Ihren Rücken und Ihre Knie dabei immer stärker zu beugen, und Ihren Kopf total der Schwerkraft hinzugeben. Beobachten Sie einmal, wie Sie ganz tief in Ihrem Inneren Ihr Zentrum augenblicklich neu fühlen können. Richten Sie sich ganz langsam wieder auf – die Augen bleiben dabei geschlossen – und beobachten Sie, wie sich Ihr Gefühl für Ihr Zentrum verändert.

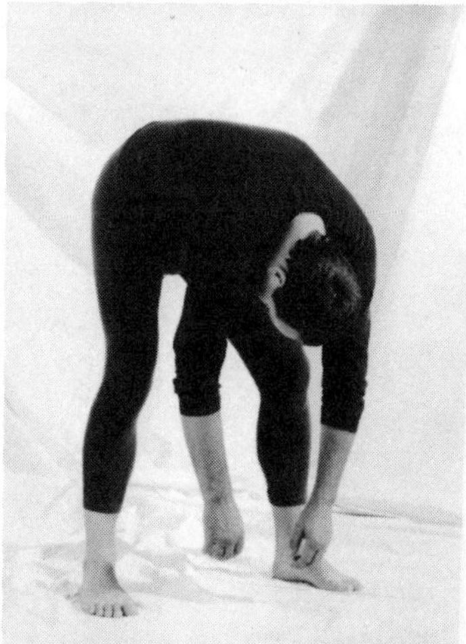

Hier stellt sich die interessante Frage: Haben Sie bei dieser Gleichgewichtsübung Ihre Atmung und Ihren Herzschlag gespürt, oder sind Sie mit diesen beiden Elementen der Zentrierung irgendwie unaufmerksam umgegangen?

Sie werden mit der Zeit merken, daß alles, was Sie im Laufe eines Tages tun, in eine Zentriermeditation umgewandelt werden kann. Wir werden viele dieser Meditationen in unserer Erörterung genauer kennenlernen, aber ich hoffe, daß Sie merken, daß dieses Buch und das Kassettenprogramm nur ein Sprungbrett für Sie sind, und daß Sie selbst Ihre eigenen Meditationen für die Steigerung Ihres inneren Gleichgewichtsgefühls entdecken können.

Kapitel 4

Das Beobachten des ganzen Körpers

Wir haben jetzt fast ein Drittel unserer Diskussion über dieses sehr erhabene spirituelle Thema der Bewußtseinserweiterung und der inneren Zentrierung hinter uns. Vielleicht sind Sie inzwischen schon ungeduldig geworden, weil Sie über diesen körperlichen Bereich der Zentrierung und des Gleichgewichts hinauswachsen wollen. Denn schließlich gibt es ja angeblich viel höhere Bereiche, die hinter diesen weltlichen Ebenen der Sinnesempfindung verborgen liegen.

In meinen Jugendjahren, als ich meine ersten Schritte auf der leidenschaftlichen Suche nach Erleuchtung machte, war auch ich das Gerede über Atmung, das Zen-Sitzen und das taoistische Betrachten des fließenden Flusses und all dessen was dazu gehört, leid. Ich wollte großartige Ewigkeitsblitze auf meinem gierigen Bewußtseinsbildschirm haben. Ich wollte selige Visionen des Erlösers und aufsehenerregende Einsichten des ewigen Geistes haben. Vor allem wollte ich aber meinem kleinen qualvollen Selbst entkommen und in eine andere Realität gelangen, die mich hinaus in eine transzendente Erfahrung heben würde, die niemals aufhören sollte.

In den allermeisten Fällen hatte ich Glück und geduldige Lehrer auf meinem spirituellen Weg, und ich muß gestehen, daß ich manchmal den Vorteil hatte, einen guten, schnellen, spirituellen Tritt von einem weniger geduldigen Führer zu bekommen.

Und in einigen Fällen kam ich sogar in diese spirituellen Höhenräusche. Ich sah wie der Himmel sich auftat und Gottes himmlische Herrlichkeit herunterkam. Ich hatte Visionen, und anschließend stand ich wieder da, immer noch im gleichen sterblichen Körper, und immer noch von den gleichen quälenden Bedürfnissen und Begierden geplagt. Die Schwerkraft hielt mich immer noch fest, mein Herz sehnte sich immer noch nach irdischen Befriedigungen, und mein Verstand versuchte immer noch, jede spirituelle Einsicht in ein bleiernes theologisches Konzept zu packen, was diesen intuitiven Geistesblitz dann zunichte machte.

Aber ganz allmählich fing ich an, mich von meinem jugendlichen Verlangen nach Transzendenz zu lösen. Ich fing an, mir die simplen, alten Erfahrungen, die ich Tag für Tag machte, ein zweites Mal anzuschauen. Und je mehr ich mich von diesen Phantasien löste, die mein Verstand um alles in der Welt ausleben wollte, desto zufriedener und glücklicher wurde ich im täglichen Leben.

Ich wurde von diesem Zwiespalt zwischen Körper und Geist befreit, als ich entdeckte, daß mein geistiges Zentrum genau in der Mitte meines körperlichen Zentrums liegt.

Es gab Zeiten, in denen ich spürte, daß sich mein spirituelles Zentrum vom körperlichen zu lösen begann. Aber irgend etwas in mir gab mir den Rat, diese beiden Zentren zusammenzuhalten.

Mit diesem neuen Gefühl für mich selbst, habe ich neue Erkenntnisse über die Beziehung von Leben und Tod gewonnen. Nach unserem Tod trennt sich unser spirituelles Zentrum von diesem körperlichen Zentrum, das wir unser ganzes Leben lang aufrechterhalten haben. Aber solange wir auf dieser Erde leben, scheinen wir vor einer sehr wesentlichen Herausforderung zu stehen, nämlich unser körperliches Zentrum mit tiefliegenden, existierenden Zentren zu integrieren.

Ich muß Ihnen also beichten, daß sich dieses Buch und die Meditationen auf den Kassetten auf meine persönliche Wahl beschränken, nämlich darauf, in meinem körperlichen Sein zentriert zu bleiben und mich um dieses menschliche Zentrum herum zu entfalten. Diese Entfaltungen, die sowohl auf einer mentalen als auch spirituellen Ebene stattfinden und sich um das körperliche Zentrum entwickeln können, sind anscheinend als solche unendlich. Zumindest habe ich ganz bestimmt weder oben noch unten Grenzen für die Erfahrungen erlebt, die mitten in meiner Atmung, meinem Herzschlag und meinem Gleichgewicht kommen.

Wir können jetzt in diesem begrenzten Erfahrungsfeld weitermachen und sehen, welche Erfahrungen kommen, wenn Sie lernen, sich ganz tief auf Ihr körperliches Zentrum zu konzentrieren und Ihre Aufmerksamkeit in all die anderen Bereiche, die jenseits des körperlichen Zentrums liegen, zu erweitern.

Bis jetzt haben wir unsere innere Aufmerksamkeit auf die reinen Empfindungen gelenkt, die unsere Nerven hinauf in unser Gehirn leiten, und die uns dann das Gefühl für unser räumliches und zeitliches Zentrum geben. Die Wissenschaft sieht den menschlichen Körper als einen rein bio-chemischen Prozeß, den man anhand von Zellaktivitäten und genetischer Programmierung erklären kann.

In der letzten Zeit hat sich der neue Bereich der Bio-Physik sehr schnell weiterentwickelt und sich nicht mit den bio-chemischen, sondern den elektromagnetischen Abläufen im menschlichen Körper oder anderen lebenden Organismen, befaßt.

Das, was man dort gefunden hat, paßt erstaunlich gut zu den Erkenntnissen der großen spirituellen Lehrer aller Jahrhunderte.

Der menschliche Körper hat tatsächlich auch eine elektromagnetische Dimension. Die Aura, die von Hellsehern gesehen wurde, scheint tatsächlich ein exaktes wissenschaftliches Gegenstück zu besitzen. Die elektrischen Energieströme, die von meditierenden Menschen auf der ganzen Welt wahrgenommen werden, scheinen eine bio-physikalische Dimension zu haben.

Die neue Technologie ist inzwischen in der Lage, die elektrischen Vorgänge in den Zellen zu messen, und zu zeigen, daß jede Zelle im Körper ihr eigenes elektromagnetisches Kraftfeld und auch ihr eigenes kraftvolles Zentrum hat.

Somit ist jeder von uns ein laufender und sprechender Dynamo mit elektromagnetischer Aktivität. Wir alle haben unsere einzigartige Mischung von elektrisch geladenen Zellen. Und wir sind alle an einen kontinuierlichen elektromagnetischen Stromkreis angeschlossen, während unsere Zellen aktiv sind und unser gesamtes Kraftfeld verändern.

Es dauert wahrscheinlich noch einige Zeit, bis man diese direkte wissenschaftliche Beziehung zwischen unserem Empfindungszentrum, unserem neurologischen Zentrum und unserem elektromagnetischen Zentrum verstehen wird. Je intensiver die Wissenschaft verstohlene Blicke auf die Wunder des Lebens wirft, desto mehr sieht Sie sich mit dieser Unendlichkeit konfrontiert. Aber ich glaube, daß es hilfreich sein kann, diese wissenschaftlichen Erkenntnisse mit spirituellen Einsichten zu verbinden.

Wir wollen jetzt unsere kopflastige Diskussion des »darüber Redens« beenden und einmal sehen, was wir von innen heraus über unsere eigene Mitte erfahren können.

Wir haben bis jetzt die grundlegenden Hilfsmittel dafür, wie man dieser Beziehung von Empfindungsbereichen des Bewußtseins, elektromagnetischen Bereichen, und den noch weit subtileren Bereichen, die von der Wissenschaft erst noch zu erforschen sind, näherkommen kann.

Das Ergebnis meiner ständigen Beschäftigung mit dem Prozeß des Zentrierens ist dies: Wenn es Ihnen gelingt, sich auf Ihr körperliches Zentrum zu konzentrieren, dann werden Sie aller Wahrscheinlichkeit nach auch die subtileren Ebenen Ihres Seins entdecken.

Ich habe entdeckt, daß dieses Vorgehen sehr viel effektiver ist, als mich auf die Phantasien, die mein Geist kreieren kann, zu konzentrieren. Sicherlich haben diese einen beachtlichen Unterhaltungswert, aber Sie scheinen in Anbetracht der eher direkten Erfahrungen, die entstehen, wenn man sich auf das körperliche Zentrum konzentriert, und einmal genau hinschaut, was sich sonst noch auftut, ziemlich zweitrangig zu sein.

Wir wollen uns jetzt ohne größeres Aufheben erneut auf diesen Bereich konzentrieren und zwar mit einer Technik, die man das »Beobachten des ganzen Körpers« nennt. Der Kern dieser Übungen liegt darin, daß man sich seiner Atmung, seines Herzschlags und seines Gleichgewichtsgefühls im Körper bewußt bleibt und gleichzeitig zuläßt, daß sich die Aufmerksamkeit noch etwas mehr erweitert.

Obwohl ich selbst mit dieser Meditation viele Erfahrungen gemacht habe, möchte ich Sie nicht vorprogrammieren, indem ich

Ihnen davon erzähle. Wenn ich das nämlich tue, werden Sie nie genau wissen, ob Sie Ihre eigene Erfahrung gemacht haben, oder ob Ihr Kopf nicht das erzeugt hat, was ich Ihnen gerade beschrieben habe, und Ihnen somit eine wunderschöne Phantasieerfahrung vermittelt.

Bevor wir weitergehen, sollte ich meine Aussage noch etwas modifizieren: An einem bestimmten Punkt in diesem Prozeß werden Sie sich dessen bewußt, was Phantasie ist und wann Sie sich Ihres Zentrums tatsächlich bewußt werden. Deshalb braucht man diese vergangenheitsbezogenen Programmierungen, die einen konditioniert haben, auf seinem spirituellen Weg nach besonderen Erfahrungen zu suchen, weder zu befürchten, noch zu bedauern. In dieser Hinsicht waren die großen chinesischen Taoisten wahrscheinlich die klarsten Lehrer von allen. Sie waren extrem praxisbezogen und sehr erdverbunden. Ihre einzige Rolle als Lehrer bestand darin, ihre Schüler zu ermuntern, immer weiter auf ihr Zentrum zu schauen, bis schließlich die Illusionen abfielen, und sich die einfache Wahrheit offenbarte. Ich hoffe, daß es mir hier gelingt, Ihnen diesen Geist zu vermitteln.

Das Beobachten des ganzen Körpers

Bei dieser Meditation legen Sie sich einfach auf den Rücken, wenn das für Sie angenehm ist, um sich wenigstens ein paar Minuten völlig entspannen zu können.

Strecken Sie sich ein bißchen, um Ihre Muskeln zu lösen, gähnen Sie, um die Anspannungen in Ihrer Atmung und Ihren Stimmbändern zu lockern, und gestatten Sie sich, ein paar Minuten lang einfach überhaupt nichts zu tun. Wenn Sie wollen, können Sie dabei in der Zen-Terminologie sagen: »Nirgendwo hingehen, nichts tun.«

Dann schließen Sie die Augen und beobachten einfach das Kommen und Gehen Ihrer Atmung, ohne sich dabei in irgendeiner Weise zu kontrollieren. Lassen Sie Ihre Atmung fließen. Beobachten Sie einfach die Veränderung von einem Atemzug zum nächsten. Eine Veränderung wahrzunehmen, heißt sich selbst ganz direkt im gegenwärtigen Augenblick zu beobachten.

Erweitern Sie dann Ihr Bewußtsein, bis Sie gleichzeitig Ihre Atmung und das Schlagen Ihres Herzens in Ihrem Körper spüren. Sie unternehmen wiederum keine Anstrengung, dieses Bewußtsein zu erzwingen. Wenn Sie wollen, können Sie an dieser Stelle »Herzschlag« oder »Puls« sagen, um dadurch Ihre Aufmerksamkeit in diese Richtung zu lenken.

Erweitern Sie dann Ihr Bewußtsein, bis Sie Ihren ganzen Körper spüren können, der von der Schwerkraft auf der Erde gehalten wird. Ihre Atmung spürt diese Kraft, Ihr Herz spürt sie, und Ihr ganzer Körper spürt sie. »Gleichgewicht.«

In diesem Zustand sind Sie sich Ihres ganzen Wesens bewußt. Diese Erfahrung ist einzigartig. Sie ist noch nie dagewesen. Und Sie beobachten einfach nur was passiert, während Sie sich ganz tief in Ihrem Zentrum spüren. »Ganzer Körper.«

Bleiben Sie solange Sie wollen in diesem Zustand.

Öffnen Sie sich, um den Energiefluß in Ihrem Körper zu spüren, öffnen Sie sich für das Licht und sogar für die Visionen, die vielleicht kommen. Das Geheimnis besteht darin, daß Sie Ihre Aufmerksamkeit für die Atmung nie verlieren!

Es gibt noch eine weitere Dimension, die Ihnen vielleicht klar macht, was in Wirklichkeit passiert, wenn Sie Ihren ganzen Körper »auf einmal« erleben.

Vor einigen Jahren erzählte mir ein langjähriger Freund, der sich einen Namen im Bereich der Computerforschung gemacht hatte, folgende Geschichte, die jetzt in Wissenschaftlerkreisen sehr berühmt ist, aber von der Öffentlichkeit erst noch völlig begriffen werden muß:

Mein Freund wurde zu einem besonderen abendlichen Treffen mit sieben sehr anerkannten Computerforschern eingeladen. Es waren Männer und Frauen, die sich für ihren Beruf sehr engagierten, andererseits aber auch das Bewußtsein ihres eigenen inneren »Bio-Computers« erweitern wollten.

Ein Wissenschaftler war gerade aus Boston eingeflogen und wollte ihnen einige Dias von einem bestimmten Computerschaltkreis zeigen, um herauszufinden, ob sie feststellen konnten, zu welchem Mikrochip dieser Schaltkreis gehörte. Dies schien eine ziemlich alberne Abendbeschäftigung zu sein, aber die sieben Experten sagten: »Machen Sie mal, aber beeilen Sie sich.«

Ein paar Minuten später wurde ein Dia auf die Leinwand projiziert. Es zeigte ein immens komplexes Netz von Schaltkreisen, wie Sie es wahrscheinlich schon auf mikroskopischen Vergrößerungen von Computerschaltungen gesehen haben.

Obwohl man weiß, daß jemand dieses Computerchip tatsächlich geplant und verdrahtet hat, übersteigen die winzigen Dimensionen dieser Schaltkreise dennoch unsere geistige Vorstellungskraft.

Aber die Köpfe der Computer-Designer im Silicon Valley fingen sofort an zu arbeiten und ließen ihre noch komplexeren Gehirnschaltungen durch ihre Gedächtnisbanken laufen, um dort nach Ähnlichkeiten zu suchen zwischen dem geheimnisvollen

Schaltkreis auf der Leinwand und anderen Schaltkreisen, die sie selbst entwickelt hatten oder von anderen Designern kannten.

Innerhalb kürzester Zeit hatte jeder dieser sieben Computergenies eine Vermutung, um welchen Schaltkreis es sich hier handeln könnte. Sie brachen in hitzige Debatten aus, und mein Freund beteiligte sich ebenfalls aufs heftigste. Dieser Schaltkreis unterschied sich von allem, was sie bisher in dieser Richtung gesehen hatten, und je länger sie ihn betrachteten, desto sonderbarere Muster entdeckten sie, die sich mit ihrer Computer-Logik nicht vereinbaren ließen.

Der Wissenschaftler aus Boston, dieser seltsame Mann mit seinem mysteriösen Schaltkreis, lehnte sich zurück und beobachtete die Szenerie. Mehrere Male schaute mein Computerfreund ihn fragend an, bekam aber nur ein amüsiertes Grinsen.

Schließlich brach er in schallendes Gelächter aus.

»Wir haben diese Aufnahme letzte Woche mit einem Elektronenmikroskop gemacht, und zwar mit einem neuen Verfahren, das ich morgen in Stanford diskutieren will«, sagte er. »Was Sie hier sehen, hat überhaupt nichts mit einem Computerschaltkreis zu tun, zumindest mit keinem, den Sie entwickelt haben. Es ist die Vergrößerung eines Zellgewebestückes, das als Stichprobe für menschliches Zellgewebe aus meinem eigenen großen Zeh entnommen wurde.«

Mein Freund war schockiert und konnte es anfänglich kaum glauben. Anschließend wurde wieder viel diskutiert, aber der Wissenschaftler hatte die Wahrheit gesagt. Zellgewebe, das man unter einem Elektronenmikroskop sieht, vergrößert um ein tausendfaches, sieht fast genauso aus wie der Computerschaltkreis eines Mikrochips.

Diese Erkenntnis aus dem Bereich der Wissenschaft hat mir irgendwie bei meinen Meditationen geholfen. Viele Jahre, genauer gesagt besonders intensiv in der Zeit, als ich noch ein kleiner Junge war, habe ich meinen Körper manchmal als eine integrierte Bewußtseinseinheit erlebt. Anstatt mein Gehirn und meine Wirbelsäule getrennt wahrzunehmen, empfand ich die Oberfläche meines Körpers als einheitliches Bewußtsein. Ich war immer davon ausgegangen, daß meine Sinnesempfindungen aus den Nerven kamen, die dicht an der Hautoberfläche liegen.

Jetzt gab es den Hinweis, daß mit ziemlicher Wahrscheinlichkeit das gesamte Zellgewebe, das sich direkt unter der Haut überall in meinem Körper befindet, ein riesiger biologischer Computer ist, der alle möglichen Funktionen hat. Die Forschung befindet sich hinsichtlich dieser neuen Entdeckung immer noch in den Kinderschuhen, und die wilde Spekulation, daß der menschliche Körper ein »zweites Gehirn« besitze, konnte bislang noch nicht bewiesen werden.

Wir sind in der Lage, durch völlige Konzentration nicht nur einen bestimmten Punkt, sondern unseren gesamten Körper „auf einmal" wahrzunehmen. Man braucht schon einige Meditationserfahrung, bis dieser Blitz der totalen Körperbewußtheit stattfinden kann. Bei meinen Klienten gab es aber bisher noch keinen, der dieses ganzkörperliche Bewußtsein nicht entwickelt hätte. Voraussetzung waren Geduld, Ausdauer und eine gute Anleitung. (Ausgenommen waren natürlich die ernstlich neurotischen Patienten, deren Fähigkeit, sich auf ihr Inneres zu konzentrieren im allgemeinen sowieso sehr konfus ist.)

Ich habe Ihnen diese wissenschaftlichen Leckerbissen nicht deshalb serviert, damit Sie jetzt ganz schnell wieder neue Konzepte von einem zweiten Gehirn usw. formen, sondern damit Sie, wenn Sie diese tiefe, befriedigende Erweiterung Ihres Bewußtseins erleben und Ihren ganzen Körper miteinbeziehen, besser verstehen, wie das vielleicht funktionieren kann.

Interessanterweise bekommt man erst dann dieses ganzkörperliche Bewußtsein, wenn man sich zunächst einmal seiner Atmung bewußt wird. Wenn dieses primäre Atembewußtsein verlorengeht, dann verschwindet auch das Ganzkörper-Bewußtsein. Sobald das Atembewußtsein verloren geht, fängt unser Verstand an, in die Bereiche der Phantasieerfahrungen zu driften und wendet sich von der direkten Wahrnehmung des ganzen Körpers ab. Wenn diese Veränderung stattfindet, fangen Menschen an, außerkörperliche Erfahrungen zu haben, die sicherlich auch ihren Sinn haben, da sie ja das Potential des menschlichen Gehirns widerspiegeln. Aber bei der Suche nach innerem Gleichgewicht und Zentrierung bringt Sie eine Rückkehr zum bewußten Atem zum inneren Bewußtseinskern zurück, von dem das innere Gleichgewicht ausgeht.

Versuchen Sie es noch einmal.

Atmung/Herzschlag/Gleichgewicht/ganzer Körper.

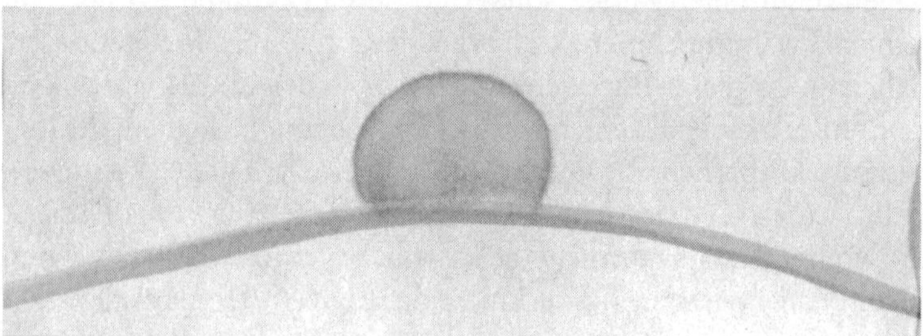

Kapitel 5

Wahrnehmungsgleichgewicht

Einer der wundervollsten spirituellen Lehrer unseres Jahrhunderts ist kürzlich verstorben und hat sich in diesen »Danach«-Bereich des Lebens begeben. In Indien geboren, wurde er schon als Kind von gewissen europäischen und amerikanischen spirituellen Kreisen für den zweiten Jesus gehalten. Sein Name war Krishnamurti. Vielleicht haben Sie von ihm schon einmal etwas gelesen oder gehört?

Zufälligerweise hatte er in der Geburtsstadt meiner Mutter in Ojai, in Kalifornien, sein Winterdomizil, und wenn wir die Eltern meiner Mutter dort besuchten, hielt Krishnamurti manchmal draußen auf der Wiese seine morgendlichen Reden. Aus diesen frühen Jahren stammt meine Bewunderung für seine Weisheit und seinen erdbezogenen Zugang zum spirituellen Wachstum.

Als ich 29 war, lebten mein Sohn und ich zufällig wieder in Ojai. Unser Haus lag nur einen Orangenhain weit von Krishnamurtis Domizil entfernt. Krishnamurti war damals schon ein ziemlich alter Mann, aber er machte jeden Tag seine Spaziergänge und kam jeden Morgen gegen halb elf Uhr an meinem Haus vorbei.

Er sprach nicht so gerne auf seinen Spaziergängen, aber es störte in auch nicht, wenn die Einheimischen neben ihm hergingen. Manchmal begleitete ihn mein Sohn, der damals sechs Jahre alt war. Ich zog es vor, ihn nicht zu belästigen, denn er wurde von sehr vielen Ratsuchenden schon über die Maßen beansprucht.

Genau in dieser Zeit hatte ich selbst mit meinem Verständnis von Meditation zu kämpfen, vor allem mit dem Prozeß, den ich Ihnen bereits gezeigt habe. Irgendwie stimmte da etwas nicht, war etwas nicht im Zentrum, nicht ganz befriedigend bei dieser Atmung/Herzschlag/Gleichgewichts-Meditation.

Eines Tages, es war bewölkt und drohte gleich zu regnen, schielte ich aus dem Fenster meines Arbeitszimmers und sah, wie dieser alte Mann an meinem Haus vorbeispazierte, und zwar diesmal fast ganz allein. Ohne weiter darüber nachzudenken, sprang ich auf, rannte nach draußen, und holte ihn ein. Wir hatten früher schon hin und wieder miteinander gesprochen, und er wußte, daß ich seit zwei Monaten ganz in seiner Nähe wohnte. Wir lächelten uns also zu und gingen ungefähr 20 Minuten schweigend nebeneinander her.

Es fing leicht zu regnen an.

Plötzlich sagte er mit seiner typischen hohen Stimme:

»Dich beschäftigt etwas.«

Ich hatte im Augenblick meine Frage über die Meditation fallengelassen und genoß den Regenspaziergang. »Oh, nein«, antwortete ich.

Wir gingen noch eine zeitlang stumm nebeneinander her, aber ich war jetzt wieder sehr stark mit meinen Gedanken beschäftigt. »Es handelt sich um eine ganz einfache Frage«, sagte ich schließlich. »Ich übe eine Meditation aus, die sehr gut für mich zu sein scheint, und ich weiß, daß sie grundsätzlich mit dem übereinstimmt, was Sie lehren. Aber irgendwie fühle ich, daß etwas von innen her verschlossen ist, als ob es da noch einen weiteren Schritt gäbe.« Ich erzählte ihm von dieser Atmung/Herzschlag/Gleichgewichts-Meditation und darüber, wie ich mein Bewußtsein erweiterte, um meinen ganzen Körper mit einzuschließen.

Er blieb stehen. Wir befanden uns unter einer riesigen Eiche, und ich konnte das Wasser von den Blättern tropfen hören.

»Mache jetzt deine Meditation«, sagte er zu mir. „Ich werde sie mit dir machen.«

Ich schloß meine Augen, fühlte den Boden unter meinen Füßen, und lenkte dann meine Aufmerksamkeit auf meine Atmung, die vor Aufregung ziemlich angespannt war. Während ich sie beobachtete, kam plötzlich eine Welle der Entspannung über mich, und ich konnte wunderbar tief ausatmen. Ohne daß ich das Wort »Herzschlag« sagen mußte, fühlte ich den Puls in meinen Fingern, meinen Beinen und meinem Herzen. Und fast zur gleichen Zeit wurde ich mir meines Gleichgewichts bewußt. Und plötzlich war es da, dieses ganzheitliche Gefühl – so als wäre ich gleichzeitig unendlich groß und unendlich klein. Ich spürte meinen ganzen Körper »auf einmal«.

»Wenn du dich bereit fühlst, öffne langsam die Augen, und bleibe dir gleichzeitig deiner Atmung bewußt«, sagte Krishnamurti unvermittelt zu mir.

Ein paar Atemzüge lang wollten sich meine Augen einfach nicht öffnen. Ich konnte die Wassertropfen auf meinem Kopf spüren. Irgend etwas in mir hatte Angst, daß ich dieses wunderschöne Gefühl in dem Moment, in dem ich die Augen öffnete und die Außenwelt wieder wahrnahm, verlieren würde.

Aber dann öffneten sich meine Augen ganz von selbst, blinzelten mehrere Male, und ich blieb mit meiner Aufmerksamkeit bei meiner Atmung, während die Außenwelt plötzlich in mein Bewußtsein hineinbrach. Ich fühlte, wie ich von der Außenwelt gezogen wurde, und dann verlor ich für einen Moment das Bewußtsein für meinen eigenen Körper.

Das war ein Schock, und ich schloß meine Augen wieder, um mein inneres Zentrum wiederzugewinnen. Meine Atmung war angespannt und schmerzhaft. Ich machte diese Meditation noch einmal, fand mein inneres Gleichgewicht wieder und öffnete langsam die Augen.

Krishnamurti sah mich an, aber ich konzentrierte mich weiter auf meine Atmung. Er war da draußen, und ich war in mir, und beide Erfahrungen liefen zur gleichen Zeit ab.

»Verstehst du?« fragte er nach einer Weile.

Ich nickte. Er machte sich auf den Heimweg, und auch ich ging nach Hause zurück. Es regnete sehr stark. Ich konnte immer noch mein inneres Zentrum spüren und gleichzeitig die Außenwelt aufnehmen. Ein weiterer Schritt.

Die Realität des menschlichen Lebens ist ziemlich klar umgrenzt. Wir sind einzigartige Wesen mit unserem eigenen Universum, das ganz tief in jedem von uns existiert. Wir nehmen auch an der Welt teil, die um uns herum ist, ohne daß es eine wirkliche Trennung von innen und außen gibt. In meinen Meditationen hatte ich völlig in meinem inneren Universum geschwelgt, während ich aber auch versucht hatte, die Beziehung zur Außenwelt aufrechtzuerhalten.

Aber ich machte das mit geschlossenen Augen.

Sich mit geschlossenen Augen zu zentrieren, ist sicherlich der erste Schritt. Aber seine Augen zu öffnen und tief in seinem Zentrum zu bleiben, das ist der natürliche nächste Schritt.

Ich empfehle Ihnen, daß Sie diesen Schritt ganz sachte und lokker tun. Verfahren Sie genauso, wie ich das gerade beschrieben habe, und zwar mehrmals täglich. Sie brauchen für diese Meditation nur eine Minute Zeit.

Wahrnehmungs-Gleichgewichts-Meditation (Innen-Außen)

Schließen Sie die Augen.
Beobachten Sie Ihre Atmung.
Beobachten Sie Ihren Herzschlag.
Fühlen Sie Ihr Gleichgewicht in Beziehung mit der Schwerkraft.
Spüren Sie Ihren ganzen Körper »auf einmal«.
Öffnen Sie Ihre Augen.
Spüren Sie Innen und Außen »auf einmal«.

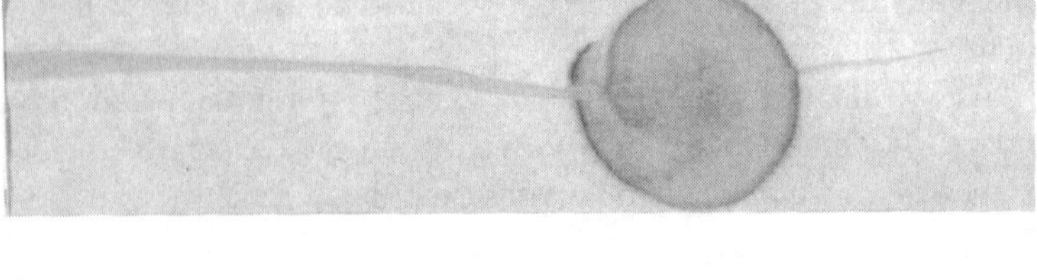

Das Bewegungsprogramm zur Zentrierung des ganzen Körpers

Egal ob Sie sitzen, stehen, liegen, auf einer Luftmatratze mitten in Ihrem Lieblingsteich oder auf dem Meer treiben, oder sogar von Ihrem Lieblingsfelsen drachenfliegen, Sie können diese Atem/Herzschlag/Puls/Gleichgewicht/ganzer Körper-Meditation und die Erfahrung, bei der Sie in diesem erweiterten Zustand Ihre Augen öffnen, ganz leicht machen.

Ich möchte Sie jetzt mit den ersten speziellen Bewegungsabläufen bekannt machen, die dieser Zentriererfahrung eine weitere Dimension geben. Schließlich ist die Körperbewegung ganz eng mit Ihrem Gleichgewichtsgefühl verbunden. Wenn man beim Meditieren immer nur bewegungslos dasitzt, ist das genauso einschränkend, als wenn man immer mit geschlossenen Augen meditiert. Stimmen Sie darin mit mir überein?

Dieses erste Bewegungsprogramm stammt aus zahlreichen unterschiedlichen Traditionen, und ich habe mir die Freiheit genommen, diese zu modifizieren und umzustrukturieren, mit dem Ziel, eine kurze, kraftvolle, amüsante Übung zu gestalten, die fast jeder ziemlich schnell erlernen kann. Wenn Sie Probleme mit dem Rücken oder den Knien haben oder sonst irgendwie körperlich beeinträchtigt sind, dann sollten Sie diese Übung natürlich ganz sachte machen. Aber die Bewegungen sind wirklich sehr sanft und nicht anstrengend.

Auf der A-Seite der beiliegenden Kassette werden Sie zuerst einmal mit dem ganzen Programm gekanntgemacht, damit Sie mühelos mit den Bewegungen und Meditationen mitfließen können. Die B-Seite beginnt mit dem zweiten Bewegungsprogramm.

1. Zu Beginn der ersten Sitzung stellen Sie sich einfach ganz bequem hin, und wenn Sie bereit sind, schließen Sie Ihre Augen.
2. Anschließend konzentrieren Sie sich auf Ihre Atmung und beobachten jedes Einatmen und das folgende Ausatmen, ohne dabei den Rhythmus in irgendeiner Weise zu verändern.

3. Erweitern Sie Ihr Bewußtsein, bis Sie das Schlagen Ihres Herzens und den Puls spüren, so wie wir das bereits gelernt haben.
4. Spüren Sie dann Ihr Gleichgewicht. Dieses Gefühl ist ein ganz anderes, als beim Sitzen oder beim Liegen. Sie können jederzeit Ihren Körper ein wenig bewegen, um Ihr Gleichgewicht noch stärker zu spüren, und um alle Muskeln für diese Gleichgewichtserfahrung zu wecken.
5. Als nächstes erweitern Sie Ihr Bewußtsein, um Ihren ganzen Körper auf einmal zu spüren. Auf der Kassette lassen wir uns für jede Erweiterung des Bewußtseins ein oder zwei Atemzüge Zeit. Aber Sie werden vielleicht sehr bald merken, daß Sie diesen ganzen Erweiterungsprozeß ganz ohne Pause machen können.

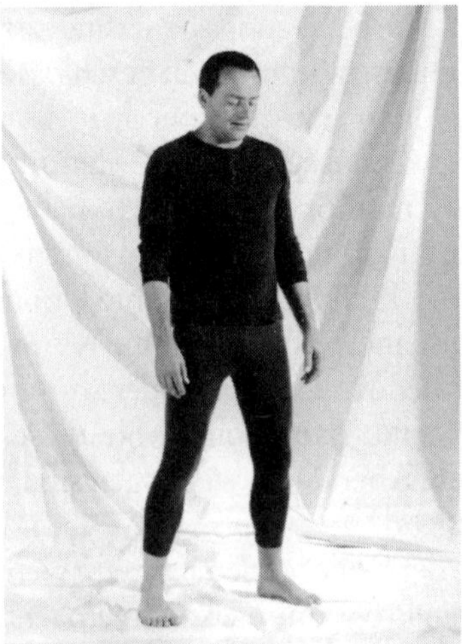

6. Anschließend, wenn Sie bereit sind, und sich immer noch Ihrer Atmung und Ihres inneren Zentrums bewußt sind, öffnen Sie langsam die Augen. Sie nehmen die Außenwelt in sich auf und fühlen dabei gleichzeitig Ihr inneres Gleichgewicht.
   Bis hierhin ist das Programm das gleiche wie das, was Sie in den vorausgegangenen Kapiteln gelernt haben; der einzige Unterschied besteht darin, daß Sie die Meditation im Stehen machen.

7. Jetzt fügen wir dem Ganzen noch etwas hinzu: Strecken Sie langsam Ihre Arme zur Seite. Die Handflächen zeigen nach oben. Bleiben Sie in dieser Stellung, und beobachten Sie wie sich Ihre Atmung und Ihr Gleichgewicht dadurch verändern.

8. Und jetzt strecken Sie Ihre Arme nach vorn. Ihre Handflächen zeigen nach unten, und Ihre Ellbogen sind beidseitig etwas angewinkelt. Schauen Sie geradeaus, ohne dabei einen bestimmten Punkt zu fixieren. Vergewissern Sie sich wieder, daß Sie mit Ihrem inneren Zentrum und dem, was in Ihrem Körper passiert, verbunden bleiben.

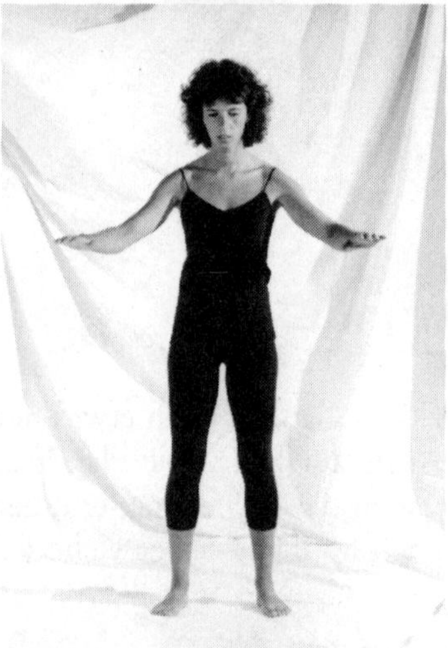

9. Nach ein paar Atemzügen in dieser Stellung, die Ihnen einen ganz anderen Energiefluß in Ihrem Körper vermitteln wird, als die vorherige, legen Sie beide Hände über die jeweilige Schulter, so als wenn Sie sich mit verschränkten Armen halten würden. Spannen Sie Ihre Arme an, und recken Sie Ihre Schultern etwas hoch, damit Sie wirklich das Gefühl bekommen, daß Sie sich selbst halten. Seien Sie für jede Veränderung in Ihrer Atmung offen, während sich Ihre emotionalen Erfahrungen und Ihre Energie bei dieser Stellung verändern.
10. Legen Sie nun Ihre Hände auf die Augen. Ihre Handflächen sind dabei etwas gewölbt, so daß sie Ihre Augen nicht berühren. Schließen Sie die Augen langsam, und entspannen Sie sich ein paar Atemzüge lang. Lockern Sie vor allem Ihre Zunge und

Ihren Kiefer. Lassen Sie Ihre Atmung wann immer sie will aufhören, so daß Sie sich völlig frei fühlen.

11. Lassen Sie Ihre Augen geschlossen, und massieren Sie einige Minuten lang Ihr Gesicht. Das entspannt und leitet positive Energien durch Ihren Körper. Summen oder singen Sie dabei, oder machen Sie einfach alberne Babylaute. Hauptsache Sie entspannen sich.
12. Als nächsten Schritt legen Sie Ihre Hände vor der Brust zusammen, die Handflächen berühren sich dabei, Ihre Finger sind etwas unterhalb Ihres Kinns. Ihre Daumen liegen immer noch auf Ihrer Brust.
13. Öffnen Sie langsam die Augen. Bleiben Sie sich dabei Ihrer Atmung, Ihres Herzschlags, Ihres Gleichgewichts und Ihres

ganzen Körpers bewußt. Blinzeln Sie mit den Augen und erleben Sie alles, was Sie sehen »auf einmal«, ohne sich auf einen bestimmten Punkt im Raum zu fixieren.

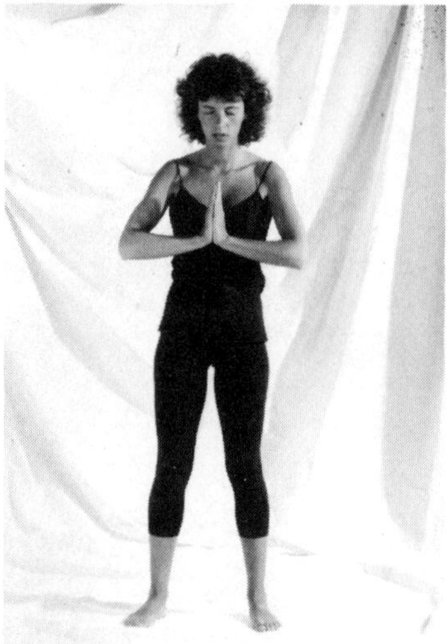

14. Wenn Sie wollen, können Sie diese erste Bewegungssitzung damit abschließen, daß Sie Ihre Hände über Ihren Kopf strecken (Ihre Handflächen sind dabei immer noch zusammen) und einen Fuß in der »Storchenposition« an den anderen inneren Oberschenkel hochziehen. Verweilen Sie ein paar entspannende Atemzüge lang in dieser Gleichgewichtshaltung. Balancieren Sie nun ein paar Atemzüge lang auf dem anderen Fuß, und beenden Sie diese Sitzung, wenn Sie bereit sind.

Dieser einfache, aber sehr kraftvolle Zentrierungsprozeß vermittelt Ihnen in nur wenigen Minuten eine vollständige Erfahrung. Nachdem Sie diesen Prozeß einige Male mit Hilfe der Kassette durchgeführt haben, können Sie ihn jederzeit und überall machen, wenn Sie Ihre Energie fließen lassen und sich in inneres Gleichgewicht bringen wollen.

Wenn Sie erst einmal die Bewegungen und Meditationen, die ich Ihnen beibringe, voll und ganz verinnerlicht haben, empfehle ich Ihnen, damit herumzuexperimentieren, um Ihre persönlichen Bewegungen und Meditationen entdecken zu können. Ich möchte Ihnen hier die ersten Schritte beibringen, und es Ihnen dann völlig überlassen sie weiterzuentwickeln!

Meine eigene Entwicklung hat den gleichen Verlauf genommen: am Anfang war ich ein wildes Kind, ohne formales Wissen, besaß aber die reichhaltige Fülle und spontane Wachheit eines Kindes. Dann war ich ein gehemmter junger Mann, fühlte mich durch meine gesellschaftlichen Umstände eingeengt und war auf der Suche nach Lehrern, die mir zu meiner Freiheit verhelfen sollten. Anschließend beherrschte ich die Techniken meiner Lehrer. Und plötzlich fühlte ich mich meinen Lehrern ebenbürtig, und merkte, daß ich wieder frei wie ein Kind war und meiner eigenen einzigartigen Entwicklung nachgehen konnte.

Die Bewegungen und Meditationen, die Sie in diesem Programm und auch in meinen anderen »Tonbüchern« finden, sind ganz spontan in mir entstanden, als ich nach einer Möglichkeit suchte, all das, was ich von verschiedenen Lehrern gelernt hatte, zu vereinen. Ich hatte ungefähr 100 verschiedene Wege verinnerlicht und mußte nun aus diesen vielen Mosaiksteinen meinen ureigenen Weg zusammensetzen.

Ich bin sicher, daß Sie das gleiche tun werden. Erst findet der Lernprozeß in der traditionellen Form statt, und anschließend kommen die eigenen Improvisationen.

Kapitel 6

Laut-Meditation

Vor einiger Zeit beteiligte ich mich an einem Projekt, das darauf abzielte, die Ergebnisse meiner Arbeit auf Computer zu speichern und sie so den Therapeuten, die über einen Heimcomputer verfügen, direkt zugänglich zu machen.

Die Idee klang vielversprechend, aber in der Praxis zeigte sich, daß dieses Experiment den Computer zu sehr in den Vordergrund stellte, und ich beschloß, wieder aus diesem Projekt auszusteigen.

Wie dem auch sei, während ich in diesem Forschungszentrum arbeitete, hatte ich ein Erlebnis, das sehr schön die Beziehung demonstriert, die zwischen den Tönen, die wir von uns geben und unserem inneren Zentrum besteht.

Um das hochtechnisierte Gebäude, in dem sich die Büroräume befanden, betreten zu können, mußte man seine Stimme in einen Überwachungscomputer am Haupteingang programmieren lassen und dann, jedesmal wenn man das Gebäude betreten wollte, am Tor seinen Namen nennen. Wenn die Stimme mit der im Computer programmierten identisch war, dann öffnete sich sofort die Eingangstür.

Interessanterweise konnte ich meinen Namen singen, flüstern, ihn auf die merkwürdigsten Weisen sagen, und trotzdem erkannte der Computer meine Stimme an ihrer unverwechselbaren Schwingung.

Jeder Mensch schwingt in seinem ureigensten Grundton, der sich – unabhängig von unseren Gedanken und Gefühlen – nie ändert.

Da wir so stark mit unserer Stimme verwurzelt sind und sie so eng zu unserer Persönlichkeit gehört, können wir mit ihrer Hilfe auch den Kontakt zu unserem inneren Zentrum erwecken.

Wenn wir einen Ton produzieren aktivieren wir dieselben Muskeln, die wir auch zum Atmen brauchen – man kann also sagen, daß Stimme und Atem denselben Ursprung haben.

Wahrscheinlich waren auch Sie bisher der Meinung, daß unsere Stimme lediglich dazu da sei, um uns zu artikulieren, uns der Umwelt mitzuteilen. Aber haben Sie auch schon einmal darüber nachgedacht, welche Wirkung die Stimme auf Ihren Körper hat?

Sagen Sie einmal ein ganz langgezogenes Ahhhhhhhh. Atmen Sie dabei langsam aus, und schließen Sie die Augen, um ganz direkt zu spüren, was dabei in Ihrem inneren Zentrum geschieht:

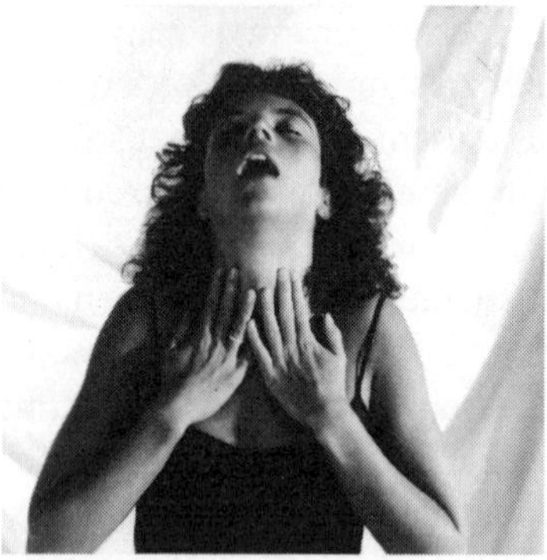

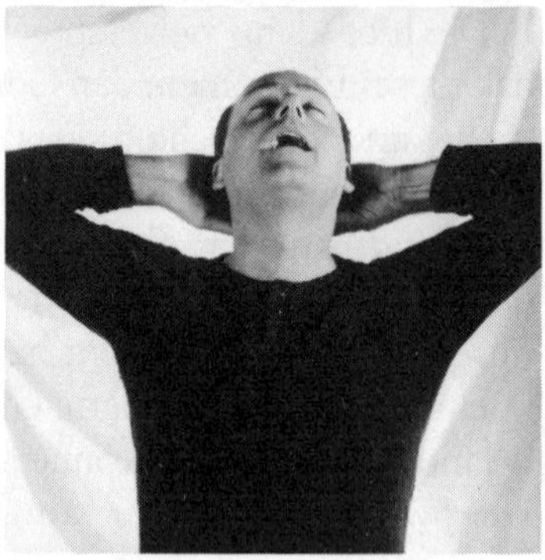

Ihr ganzer Körper, von der Schädeldecke bis zur Zehenspitze, schwingt in diesem Ton mit. Aber nicht nur das, auch jede Zelle vibriert – Ihr ganzer Körper ist ein einziger Resonanzboden.

Versuchen Sie einmal, im täglichen Leben ganz bewußt zu spüren, wie jeder Laut, den Sie von sich geben, Wirkungen auf Ihren ganzen Körper hat. Sie werden dann selbst merken, daß wir tatsächlich aus unserem Zentrum heraus sprechen. Wenn jemand nicht in seinem Zentrum ist, dann zeigt auch die Stimme diesen Mangel an Zentriertheit.

Wenn Sie also Ihre innere Mitte besser kennenlernen möchten, gibt es kaum ein besseres Hilfsmittel als Ihre Stimme.

Das Chanten (rituelles Singen) ist zusammen mit Tanz und Rhythmus seit jeher in jeder Stammeskultur ein primäres Zentrierungsritual. Wenn eine Gruppe von Menschen ihre Zentren in Einklang bringen will, ist das beste Mittel, um dies zu erreichen das gemeinsame Singen.

Singen und Tanzen sind in unserer heutigen Kultur sträflich vernachlässigt worden, mit dem traurigen Ergebnis, daß es viele unharmonische und unzentrierte Menschen gibt. Um diesen Zustand zu ändern, bleibt uns nur eine Wahl: wieder mit dem Singen und Tanzen anzufangen, und zwar wo und wann immer es Gelegenheit dazu gibt!

Der Eindruck, den Sie auf Ihre Umwelt machen und die Reaktionen, die Sie von Ihren Mitmenschen bekommen, hängen zu einem großen Teil von Ihrem stimmlichen Einfluß ab. Das trifft vor allem auf gesellschaftliche Bereiche zu, aber ebenso oft auch auf das Berufsleben. Wir alle sind Rundfunkstationen, die ihre Programme nach allen Richtungen aussenden und auf positive Resonanz hoffen.

Ich werde Ihnen nun einige grundlegende Stimmeditationen beibringen, die sich in den unterschiedlichen spirituellen Traditionen entwickelt haben. Wir können beispielsweise herausfinden, welche Auswirkung verschiedene Vokale auf unser inneres Empfinden haben. Wenn Sie am Anfang noch Hemmungen haben, dann machen Sie die verschiedenen Laute zuerst nur ganz leise. Es geht hier nicht um die Lautstärke. Wichtig ist Ihre ständige Aufmerksamkeit gegenüber Ihrer Atmung, Ihrem Herzschlag, Ihrem Gleichgewicht und Ihrem ganzen Körper, während Sie diese Laute machen – wieder die gleiche, alte Geschichte – aber diesmal angewandt auf eine neue Situation und mit erstaunlichen Ergebnissen.

Vokale singen

Auch hier spielt die Atmung wieder eine ganz wichtige Rolle. Die meisten Töne entstehen beim Ausatmen. Beobachten Sie dabei, wie Ihr Körper mit dem jeweiligen Ton mitschwingt, und beim Einatmen erleben Sie, wie Ihr inneres Bewußtsein beeinflußt wird. Wahrscheinlich werden Sie bei den ersten dieser Meditationen nicht sehr viel beobachten, weil alte Hemmungen und Emotionen Ihr Bewußtsein noch trüben. Aber geben Sie bitte nicht zu früh auf. Erst nachdem Sie diese Meditationen einige Male durchgeführt haben, können Sie wirklich entscheiden, ob sie wichtig und effektiv für Sie sind.

Nehmen Sie zunächst einmal den Vokal »A«. Wenn Sie möchten, können Sie Ihre Augen schließen und während Sie viermal hintereinander ausatmen beobachten, wie dieser Laut aus Ihrem Zentrum hochsteigt und Ihre inneren Organe in Schwingung versetzt:

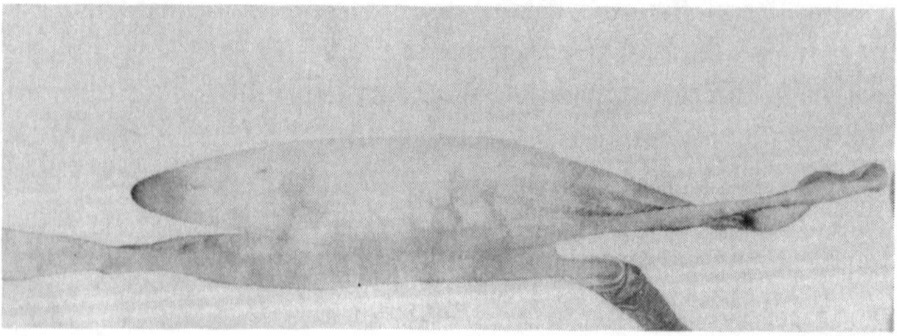

Sie können mit den unterschiedlichsten Variationen des Grundtones herumspielen, um innerlich eine stärkere Resonanz zu spüren.

Fühlen Sie beispielsweise in Ihrer Nase, in Ihrer Brustgegend oder in Ihren Augen eine starke Schwingung? Machen Sie jetzt den Vokal »O«, und beobachten Sie einmal, inwiefern diese Schwingung anders auf Sie wirkt:

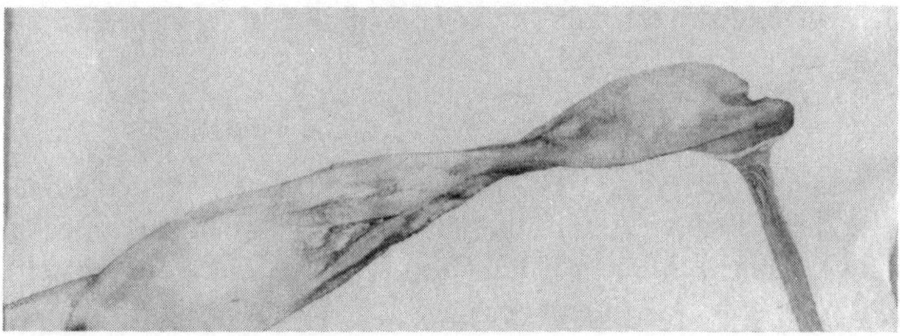

Versuchen Sie jetzt einmal den Vokal »U« ein paar Atemzüge lang und zwar mit hoher und tiefer Stimme, damit Sie sehen können, inwiefern die Tonhöhe Ihr Gefühl für einen Ton beeinflußt:

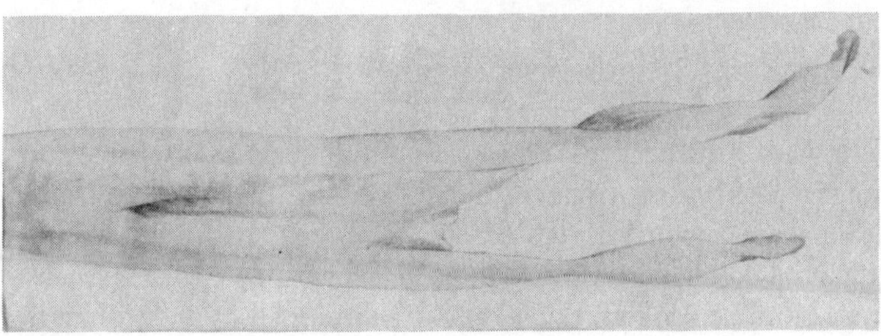

Konsonanten singen

Jetzt wollen wir mit einem Konsonanten spielen. Summen Sie ein paar Atemzüge lang den Ton »M«. Wenn Sie möchten, können Sie in verschiedenen Tonhöhen summen und mit dem Ton je nach Lust und Laune herumspielen. Diese Art von Stimmeditationen wird Ihnen überhaupt nichts bringen, wenn Sie nicht den Spaß daran entdecken. Ist es nicht angenehm, sich auf diese Weise in Schwingung zu versetzen? Gehen Sie mit Ihrem eigenen, inneren Instrument spielerisch um:

Wir können jetzt diese vier Laute mit einem Hindu-Chant verbinden, der mit einem A beginnt, sich dann im gleichen Ausatmen in ein O, schließlich in ein U und zum Schluß in ein M verwandelt. Dann ist das Ausatmen beendet. Die Grundstruktur ist also A-O-U-M, und Sie können mit diesen Lauten in jeder Tonhöhe und jeder Lautstärke herumexperimentieren.

Sie beginnen mit weitgeöffnetem Mund auf dem A und schließen dann nach und nach Ihren Mund, bis Ihre Lippen für das M geschlossen sind. Wenn Sie diesen Chant immer und immer wieder machen, wird Sie das auf kraftvolle Weise mit Ihrem inneren Zentrum in Verbindung bringen. Ich empfehle Ihnen, das jeden Tag ein paarmal zu üben, und zwar ungefähr ein bis fünf Minuten lang. Sobald es Ihnen wirklich Spaß macht, werden Sie Ihr ganzes Leben lang nicht mehr davon loskommen.

Amerikanisch-indianisches Singen

Wir wissen heute, daß Vögel bestimmte genetisch vorprogrammierte Singstimmen haben, die sie verfeinern und modifizieren können. Glauben Sie, daß das auch auf Sie zutrifft? Wurden Sie auch mit diesen bestimmten ursprünglichen Chant-Mustern geboren, zu denen Sie wieder Kontakt bekommen können? Hierbei handelt es sich um eine außergewöhnliche Frage, und es lohnt sich, ihr ein ganzes Leben lang nachzugehen.

Nehmen wir beispielsweise ein grundlegendes Chant-Muster von den Prärie-Indianern Nordamerikas, einen Chant, den man natürlich auch in anderen Stammeskulturen überall auf der ganzen Welt finden kann: Er geht folgendermaßen: »Hey heya hey heya hey . . . hey!«; dies können Sie während einem Ausatmen singen. Wenn es für Sie angenehm ist, atmen Sie in der Hälfte ein und singen Sie die andere Hälfte beim zweiten Ausatmen. Ich werde Ihnen, was die Melodie betrifft, keinerlei Vorschläge machen. Singen Sie leise vor sich hin, und trennen Sie jede Lauteinheit von der nächsten, während Sie Ihre Bauchmuskeln rhythmisch anspannen.

Ich benutze dieses Chanten seit vielen Jahren bei meinen Klienten als schnelles und kraftvolles Mittel für ganz bewußte Zentrierungserfahrungen. Ich behaupte nicht, daß ich genau weiß, was in diesem Prozeß passiert, aber ich weiß, daß er funktioniert. Selbst wenn der Chant nicht genau Ihrem angeborenen Muster entspricht, selbst wenn Sie sich nicht völlig in das Chant-Bewußtsein einlassen können, so wird trotzdem etwas ganz tief in Ihrem Inneren geweckt. Sie versetzen Ihre ganz ureigenen Zellen und Gene mit diesen Urlauten in Schwingung, und das sofortige Ergebnis ist ein neues Zentriertsein im innersten Kern Ihres Wesens.

Experimentelle Chants

Nachdem Sie mit verschiedenen Chants aus den unterschiedlichsten Traditionen gespielt haben, können Sie damit beginnen, völlig frei mit allen möglichen Chants, die ganz spontan aus Ihrem Inneren hochkommen, zu experimentieren. Ich bin zum Beispiel ganz verwundert gewesen, als ich plötzlich einzigartige und kraftvoll zentrierte Chants aus dem Munde von Bankdirektoren und Gehirnchirurgen gehört habe. Als ich ihnen ihre Chants später vorspielte, waren sie ebenso erstaunt wie ich, denn sie hatten diese vorher auch noch nie gehört. Aber trotzallem erkannten sie ganz tief in ihrem Inneren diese Chants wieder. Sie hatten einen Teil ihres inneren Kerns gefunden.

Trotzdem erscheint es ratsam, in dieser Hinsicht vorsichtig zu sein. Viele Menschen versuchen, ihre eigenen Wurzeln zu finden, indem sie Chants von exotischen fremden Kulturen nehmen, die sie gerne imitieren möchten. Aber es passiert nur allzuoft, daß dieses zwanghafte Bemühen, in die zentralen Rituale fremder Kulturen einzutreten, denjenigen, der sie imitiert, noch weiter von seinen eigenen Wurzeln entfernt.

Es lohnt sich sicherlich, die verschiedenen Stammes-Chants, auf die man stößt, zu singen, um den Prozeß des spontanen Chantens zu wecken. Aber beobachten Sie, ob Sie dabei den Wunsch verspüren, sich völlig in der exotischen Trance einer anderen Tradition zu verlieren. Wenn man zu sehr in einer solchen Identifizierung mit anderen Traditionen schwelgt, kann einen das leicht aus seinem eigenen Zentrum werfen.

Ich rate Ihnen, daß Sie stattdessen Schritt für Schritt Ihre eigenen natürlichen Chants, die ganz tief in Ihnen verwurzelt sind, entdekken. Sie existieren immer noch, das versichere ich Ihnen, und warten auf Ihre Aufmerksamkeit.

Spielen Sie also mit jeder Lautkombination, die ganz spontan aus Ihnen herauskommt. »Bee bah pah loo loo« mag vielleicht aus Ihrem Inneren kommen, aber Sie würden merken, daß das ein Schlager aus den 50er Jahren ist. Dann kommt vielleicht »Dinga dinga pow pow!« und vieles andere.

Das Chanten ist Rhythmus, den Sie mit Ihrem ganzen Körper ausdrücken können. Das Chanten ist eine erweiterte ganzkörperliche Erfahrung. Also, auf geht's!

Kapitel 7

Die Derwisch-Zentrierung

Das vielleicht höchste Bewegungsritual zur Zentrierung stammt aus der Derwisch-Tanztradition in Zentraleuropa. Wenn Sie die schnellen Drehungen dieses Tanzes machen, ohne sich dabei dauernd auf Ihre Atmung zu konzentrieren, wird es Ihnen fast auf der Stelle schwindlig, und Sie müssen aufhören. Aber mit der Meditation, die ich Ihnen beigebracht habe, können Sie in einen wunderbaren Trancezustand kommen, in dem Sie eine einzigartige Verbindung zu Ihrem Zentrum herstellen.

Es gibt bei diesem rituellen Tanz, abgesehen von den Drehungen, noch eine weitere Komponente. Während man sich dreht, konzentriert man sich visuell auf seine Hände, zuerst auf die eine, dann auf die andere.

Die Handflächen-Meditation

Halten Sie jetzt einen Moment inne. Drehen Sie den Kopf nach links, und halten Sie Ihre linke Hand in ca. 30 Zentimeter Abstand vor Ihr Gesicht. Schließen Sie die Augen und machen Sie die Atmung/Herzschlag/Gleichgewicht/ganzer Körper-Meditation. Öffnen Sie die Augen und schauen Sie auf Ihre Handfläche.

Es gibt grundsätzlich zwei verschiedene Möglichkeiten, in dieser Stellung auf Ihre Hand zu schauen. Sie betrachten einmal das Gesamtbild Ihrer Handfläche. Dann lösen Sie sich davon und fixieren stattdessen einen bestimmten Punkt auf Ihrer Hand. Wechseln Sie diese unterschiedlichen Sichtweisen ganz bewußt ab. Bleiben Sie sich dabei Ihrer Atmung und Ihres inneren Zentrums bewußt.

Machen Sie jetzt die gleiche visuelle Meditation mit Ihrer rechten

Handfläche, wobei Sie über Ihre rechte Schulter schauen. Schließen Sie die Augen, machen Sie die Vier-Worte-Meditation (Atmung/Herzschlag/Gleichgewicht/ganzer Körper), und öffnen Sie anschließend Ihre Augen, um die Handfläche wahrzunehmen. Seien Sie nicht erstaunt, wenn Ihre rechte Hand anders als Ihre linke aussieht.

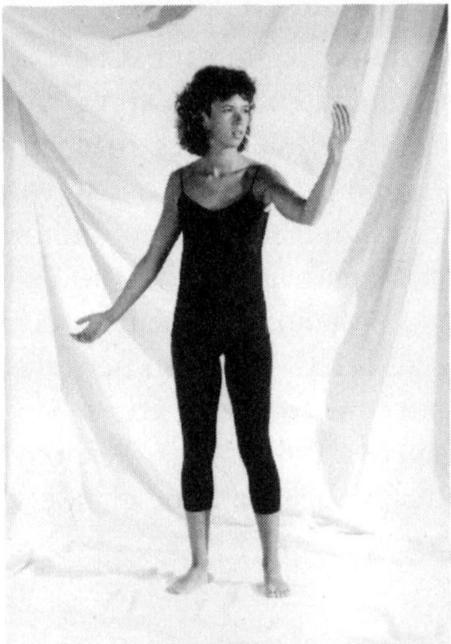

Mit der »Handflächen«-Meditation erweitern wir Ihre Fähigkeit, sich der Außenwelt und der Innenwelt gleichzeitig bewußt zu sein. Ich habe diese spezielle Meditation in den letzten Jahren mindestens tausend Mal durchgeführt, und jedesmal habe ich dabei eine neue, einzigartige Erfahrung gemacht. Sie hält mich davon ab, über Vergangenes nachzugrübeln, läßt Unsicherheiten über die Zukunft gar nicht erst aufkommen, und ich komme in direkten Kontakt mit dem Ewigen Hier und Jetzt. Diese unmittelbare Erkenntnis, daß ich im gegenwärtigen Augenblick existiere, scheint der allerhöchste Bewußtseinszustand zu sein. Er ist das Ewige Jetzt, der Himmel auf Erden.

Zum Abschluß dieser Handflächenmeditation können Sie beide Hände vor Ihr Gesicht halten, Ihre kleinen Finger sollten sich nicht ganz berühren. Schließen Sie wieder die Augen, geben Sie jedem der vier Worte einen neuen Atemzug während Sie diese bei jedem neuen Einatmen vor sich hinsagen! Atmung/Herzschlag/Gleichgewicht/ganzer Körper. Öffnen Sie anschließend Ihre Augen, und schauen Sie ohne einen Punkt zu fixieren auf Ihre Handflächen; bleiben Sie dabei mit Ihrer Innenwelt verbunden. Ganz allmählich werden Sie das erleben, was die Mystiker seit Tausenden von Jahren gesagt haben – es gibt zwischen Innen und Außen keinen Unterschied. Diese Erkenntnis kommt nicht als Gedanke, sondern als Gefühl inmitten Ihrer Atmung.

Der Derwisch-Tanz mit den Handflächen

Wir werden jetzt diese Handflächenmeditation mit einer ganz einfachen Bewegung kombinieren. Bitte gehen Sie bei dieser Bewegungsmeditation sanft und langsam vor; machen Sie in den nächsten Wochen eine Reihe kurzer Erfahrungen. Übertreiben Sie es nicht.

Stellen Sie sich in die Mitte Ihres Zimmers, halten Sie Ihre linke Hand wie beschrieben vor das Gesicht. Schließen Sie Ihre Augen, und machen Sie die Vier-Worte-Meditation. Öffnen Sie Ihre Augen, schauen Sie auf Ihre Hand – und beginnen Sie dann, sich auf der Stelle zu drehen. Sie können die Richtung ganz frei aus dem Moment heraus wählen.

Es geht darum, sich ganz auf seine innere Mitte und seine Atmung zu konzentrieren, während man dabei auf seine Hand schaut. Kümmern Sie sich überhaupt nicht um die sich drehende Welt jenseits Ihrer Hand, sonst wird es Ihnen sofort schwindlig. Atmen Sie langsam und ganz entspannt. Sie können sich jetzt ruhig immer schneller drehen, aber überanstrengen Sie sich nicht. Bei den ersten paar Malen machen Sie nach einigen Drehungen halt, und schauen eine Minute auf Ihre Hand, während Sie dabei ganz ruhig atmen. Versuchen Sie es einmal!

Nachdem Sie angehalten haben, schauen Sie weiterhin ein paar

Atemzüge lang auf Ihre Hand; danach drehen Sie Ihren Kopf geradeaus, um gleichzeitig auf beide Hände sehen zu können.

Bewegen Sie anschließend Ihre rechte Hand nach rechts, drehen

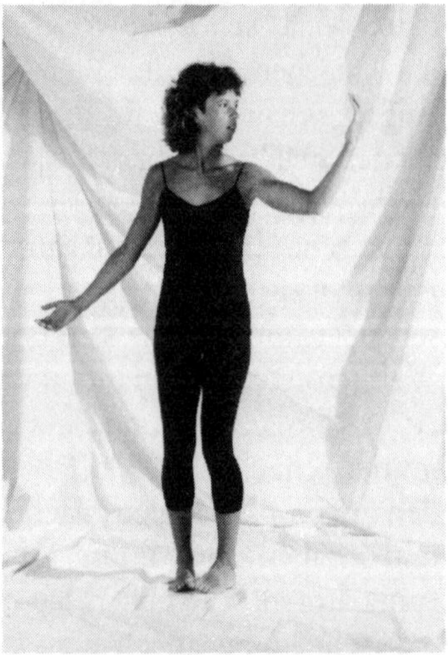

Sie Ihren Kopf soweit mit, bis Sie im rechten Winkel über die rechte Schulter schauen. Ihre linke Hand sollte übrigens ausgestreckt sein und in die entgegengesetzte Richtung zeigen, Handflächen sind oben. Damit haben Sie die vollständige Derwisch-Haltung mit beiden Händen. Bleiben Sie sich Ihrer Atmung und Ihres inneren Gleichgewichts bewußt, und fangen Sie dann langsam an sich zu drehen, während Sie auf Ihre rechte Handfläche schauen. Drehen Sie sich so lange Sie es als angenehm empfinden in die Richtung, die Ihnen im Moment am liebsten ist. Werden Sie aber nie so schnell, daß Sie sich nicht mehr auf Ihre Hand konzentrieren können.

Halten Sie an, wann immer Sie wollen. Schauen Sie ein paar Atemzüge lang auf Ihre Hand. Anschließend halten Sie beide Hände wieder vor das Gesicht und schauen auf Ihre Handflächen. Um diese Bewegungsmeditation zu beenden, legen Sie Ihre Hände auf Ihre Augen, konzentrieren sich auf Ihre Mitte und schauen, welch einzigartige Erfahrung Sie dabei haben.

Der Bewegungsablauf Ihrer Füße sollte sehr einfach sein. Wenn Sie die Bewegung ein paar Mal gemacht haben, wird Sie sehr anmutig. Es soll eine entspannende, wohltuende Erfahrung sein, die Spaß macht.

Entladungs-Meditation

Wenn Sie etwas richtig Spannendes erleben wollen, gibt es noch eine besondere Dimension der Zentrierung.

Eine der tiefreichendsten Zentriererfahrungen ist die des Würgens, bei der man fast erbricht. Dieser Brechreflex liegt ganz tief unten in Ihrem primären Zentrum. Die Huichol-Indianer beispielsweise erschließen sich diese Erfahrung, wenn sie in ihren Ritualen den Peyote-Kaktus essen, ohne den giftigen, weißen Büschel zu entfernen. In diesem weißen Büschel ist Strychnin, was für ein paar Minuten zum Erbrechen führt. Diese Erfahrung des Erbrechens betrachtet man als eine notwendige spirituelle Vorbereitung um Visionen zu bekommen, die durch den Peyote-Kaktus hervorgerufen werden.

Ich möchte Ihnen hier nicht vorschlagen, daß Sie dem Beispiel der Huichol folgen. Aber Sie können diese Erfahrung auch bei der Derwisch-Meditation machen, wenn Sie sich einfach weiterdrehen, obwohl Sie spüren, daß Sie besser aufhören sollten. Wenn Sie nach ca. 20 Umdrehungen – normal sind 10–15 – stillstehen, spüren Sie ein leichtes Schwindel- und Übelkeitsgefühl. Beugen Sie sich nun leicht vornüber, würgen und husten Sie, und machen Sie mit herausgestreckter Zunge »Blaaaahh!«

Diese Übung kann einige Minuten lang unangenehm sein, aber die Erfahrungen, die man dabei sammelt, sind sehr wertvoll.

Ängstlichen Menschen, die sich vor dieser Entladungsmeditation fürchten, rate ich, die Übung ganz sanft anzugehen und nicht davor wegzulaufen. Ich habe bei vielen meiner Klienten die Erfahrung gemacht, daß sie sich zuerst gegen diese Meditation sträubten. Wenn sie aber ihr Nervensystem ein paar Mal von all den

Würgegefühlen befreiten, die sich im Laufe der Jahre angesammelt hatten, waren sie überglücklich, und von da an stellte die Drehmeditation auch kein Problem mehr dar.

Viele von uns haben im Laufe der Zeit allzuviel »heruntergeschluckt« und sich so emotional vergiftet. Wie Wilhelm Reich schon vor 50 Jahren erkannte, ist die einzige Möglichkeit, diese angehäufte Übelkeit loszuwerden, sie hochkommen zu lassen, auszuspucken und so frei davon zu werden.

Der emotionale Müll, der sich in uns anhäuft, hindert uns daran, wirklich zentriert zu sein. Deshalb ist diese Übung so besonders wertvoll – vor allem für diejenigen, die sich zuerst dagegen wehren.

Öffnen Sie sich Schritt für Schritt für diese emotionale Entladung, die den Heilungsprozeß einleitet – und wagen Sie es, mit dem Derwisch-Tanz die Grenzen dessen, was Sie als angenehm empfinden, zu überschreiten. Vertrauen Sie diesem natürlichen Prozeß. Husten Sie, würgen Sie, machen Sie wilde, animalische Geräusche – lassen Sie Ihre Dämonen heraus!

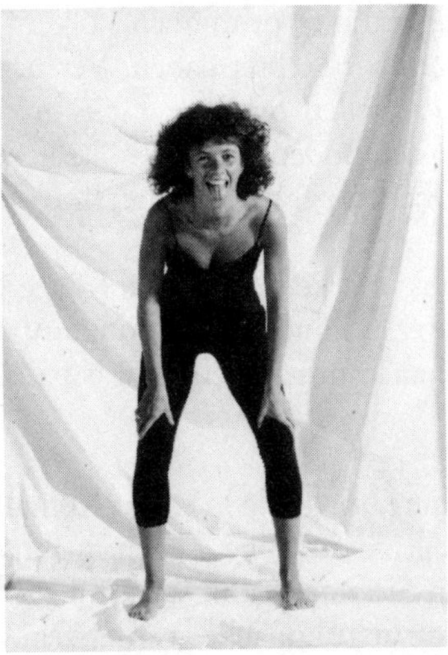

Kapitel 8

Erdungsrituale

Wir sollten uns jetzt noch etwas intensiver mit der Frage Ihrer Beziehung zu diesem bemerkenswerten Planeten, auf dem wir leben und sterben, beschäftigen.

Sowohl bei den Ritualen der Naturvölker als auch in den moderneren Therapieprogrammen, wie beispielsweise in der Gestalttherapie und in der Bioenergetik, haben bestimmte Techniken des Erdens eine sehr wichtige Stellung für das Gewinnen und Aufrechterhalten des inneren Gleichgewichtsgefühls. Die speziellen Rituale, die ich Ihnen in diesem Kapitel vorstellen möchte, stammen aus den unterschiedlichsten Traditionen. Sie können Sie in Ihren Alltag einbauen, ohne daß Sie dafür von einem Experten angeleitet werden müßten.

Es gibt eine grundlegende Sitzhaltung, die Sie sicherlich schon auf Photos von sogenannten primitiven Völkern gesehen und auch bei kleinen Kindern beobachtet haben. Versuchen Sie es: Gehen Sie in die Hocke. Stellen Sie Ihre Füße in ca. 30 Zentimeter Abstand flach auf den Boden. Die Fußspitzen zeigen nach außen. Lehnen Sie den Oberkörper nach vorne; Ihre Oberarme ruhen auf den Knien.

Sie werden selbst merken, daß diese Körperhaltung nur nackt oder in sehr lockerer Kleidung Erfolg bringt. Aber versuchen Sie es jetzt trotzdem, einfach um zu sehen, was passiert:

Diese Körperhaltung bringt Sie in engen Kontakt mit Ihrem inneren Zentrum, weil Sie an frühe Zeiten in Ihrem Leben erinnert werden, in denen Sie noch ganz stark mit der Erde verbunden waren. Dieses ganz ursprüngliche geerdet-sein verliert sich, wenn wir älter werden. Deshalb schlage ich Ihnen diese Meditation vor. Sie werden selbst erleben, welche wunderbaren Bewußtseinsbereiche sich öffnen.

In dieser Position ist die Vier-Worte-Meditation sehr kraftvoll. Nehmen Sie nun diese Haltung wie oben beschrieben ein. Die drei mittleren Finger jeder Hand berühren die Erde, während Sie die Atmung/Herzschlag/Gleichgewicht/ganzer Körper-Meditation machen.

Mit dieser Meditation können Sie sich in einer Minute intensiv erden.

Ich möchte Ihnen jetzt das umfassendere Erdungs-Ritual zeigen, durch das Sie auch auf der Kassette geführt werden. Es gibt sieben Schritte. Jeder Schritt bezieht eine einfache Hand- und Armbewegung mit ein, während Sie dabei in der beschriebenen Hockstellung bleiben.

Stellung 1

Schließen Sie Ihre Augen, und strecken Sie Ihre Arme aus. Die Handflächen zeigen zur Erde. Atmen Sie in dieser Stellung einmal ein und aus. Öffnen Sie die Augen. Wie fühlen Sie sich?

Stellung 2

Schließen Sie Ihre Augen wieder, bringen Sie Ihre Handflächen zusammen und atmen Sie einmal ein und aus. Öffnen Sie dann Ihre Augen, um diese Stellung visuell zu erleben, während Sie dabei aber auch Ihre Atmung und Ihr inneres Zentrum beobachten.

Stellung 3

Schließen Sie Ihre Augen, und strecken Sie Ihre Arme aus, diesmal mit nach oben gerichteten Handflächen, in die sogenannte »Empfangsstellung«. In allen drei Stellungen bleiben Ihre Oberarme auf Ihren Knien. Atmen Sie einmal mit geschlossenen Augen ein und aus. Öffnen Sie dann Ihre Augen, und erleben Sie Ihr Zentrum in Verbindung mit dieser visuellen Eingabe. Schauen Sie so, als ob Sie »alles auf einmal« sehen wollten, fixieren Sie keinen bestimmten Punkt.

Stellung 4

Schließen Sie Ihre Augen. Legen Sie beide Hände über die Augen, und atmen Sie einmal ein und aus. Richten Sie Ihre Aufmerksamkeit nach innen. Bleiben Sie sich dabei Ihres ganzen Körpers auf einmal bewußt, während die Schwerkraft Sie zum Zentrum der Erde drückt.

Stellung 5

Verlagern Sie jetzt mit immer noch geschlossenen Augen Ihr Gewicht so, daß sich Ihre Arme von den Knien lösen. Sie können Ihre Handflächen vor sich auf den Boden legen. Atmen Sie einmal ein und aus; öffnen Sie anschließend Ihre Augen, und atmen Sie einen weiteren Zyklus lang.

Stellung 6

Schließen Sie wieder Ihre Augen. Führen Sie beide Hände zusammen, so daß sich Daumen und Zeigefinger berühren. Heben Sie die Hände nun vom Boden ab und klappen Sie Ihre Handflächen zusammen. Atmen Sie ruhig weiter. Öffnen Sie anschließend Ihre Augen und bleiben Sie sich Ihrer selbst bewußt.

Stellung 7

Schließen Sie Ihre Augen, stehen Sie langsam auf, Ihre Handflächen bleiben dabei immer noch zusammen. Atmen Sie einen Zyklus lang und öffnen Sie dann langsam die Augen.

Dies ist eine der befriedigendsten Übungen, mit denen ich bisher gearbeitet habe, und ich hoffe, daß Sie auch für Ihr Leben sehr wertvoll sein wird.

Nachdem Sie diese sieben Handbewegungen gemeinsam mit der Atmungs- und visuellen Erfahrung gemacht haben, können Sie direkt in die »Storchen-Position« übergehen. Führen Sie dabei Ihre Hände über dem Kopf zusammen.

Wenn Sie bei dieser Übung wirkliche Schwierigkeiten haben, und wenn Ihr Bauch nicht der »herausragende« Grund dafür ist, dann halten Sie wahrscheinlich Ihre Arme nicht richtig. Sie sollten wirklich so auf Ihren Knien liegen wie das die Abbildung zeigt, damit Sie diese Stellung ein paar Minuten lang bequem machen können.

Außerdem sollten Ihre Füße den richtigen Abstand haben, und Ihr Gewicht sollte nach vorne verlagert sein, damit Sie ganz entspannt auf Ihren Füßen stehen können und nicht nur auf Ihren Fersen hocken.

Jede einzelne Hand-Arm-Stellung wird Ihrem Körper ein besonderes Gefühl vermitteln, das Sie wahrscheinlich seit Ihrer Kindheit, als Sie ganz spontan so dasaßen, nicht mehr gehabt haben. Ich möchte hier noch einmal das Potential jeder einzelnen dieser Stellungen hervorheben: Sie erzeugen eine Entfaltung Ihres Gleichgewichtsgefühls und Ihres Gefühls von Ganzheit sowie eine tiefe Beziehung zur Erde.

Sie werden sicherlich bemerken, daß diese Form der Meditation sehr stark diese Innen-und-Außen-Einheit weckt, von der wir bereits in einem der vorherigen Kapitel gesprochen haben. Sie werden mit jedem erneuten Öffnen Ihrer Augen eine Überraschung erleben.

Obwohl ich selbst diese Meditation des Erdens Hunderte, vielleicht sogar Tausende von Malen gemacht habe, empfinde ich mich wenn ich meine Augen in einer neuen Stellung öffne, immer wieder ganz unerwartet neu und lebendig im gegenwärtigen Augenblick.

Ihre Knie- und Beinmuskeln werden diese bestimmte Stellung natürlich nicht gewöhnt sein, es sei denn, Sie arbeiten in dieser Sitzhaltung im Garten oder sind »catcher« eines Baseball-Teams. Bleiben Sie am Anfang nur für kurze Zeit in dieser Position. Nehmen Sie sich jeden Tag ein bißchen mehr Zeit. Glauben Sie bitte nicht, daß »mehr besser ist«, – und bleiben gleich beim ersten Mal eine halbe Stunde in dieser Stellung, sonst haben Sie nämlich am nächsten Tag Muskelkater. Sie können auch nur die Handbewegungen machen. Setzen Sie sich dafür mit gekreuzten Beinen in einen Stuhl, Sie bekommen dort auch wunderschöne Erlebnisse.

Erde-Himmel-Bewegung

Die Erde-Himmel-Bewegung ist ziemlich einfach, und fast jeder kann sie ganz leicht machen. Gleichzeitig hat sie aber ein bemerkenswertes Potential, Ihren Kontakt zu Ihrem inneren Zentrum zu vertiefen.

Stellen Sie sich hin, Ihre Füße sind ungefähr einen halben Meter auseinander, und diesmal zeigen Ihre Zehen geradeaus. Das ist für den Erfolg dieser Übung sehr wichtig.

Beugen Sie langsam die Knie, und legen Sie beide Hände vor sich auf den Boden. Die Daumen sind in einigen Zentimetern Abstand gegeneinander gerichtet.

Während Sie durch die Nase einatmen, richten Sie sich langsam wieder auf. Ihre Hände sind ganz locker und entspannt, während Sie die Arme mit hochnehmen, bis sie senkrecht ausgestreckt sind. Legen Sie den Kopf in den Nacken, und schauen Sie zur Decke.

Ihre Hände sind etwas nach hinten gebeugt, die Handflächen schauen nach oben.

Halten Sie die Knie etwas angebeugt, und stellen Sie sich vor, daß Sie beispielsweise ein Tablett mit Champagnergläsern auf den Händen halten, damit Sie in dieser Stellung völliges Gleichgewicht haben.

Bleiben Sie eine Weile voll eingeatmet in dieser angespannten Haltung, und entladen Sie dann den innerlichen Druck, indem Sie ganz langsam durch den Mund ausatmen. Nehmen Sie dabei langsam die Arme wieder herunter und beugen Sie die Knie, bis Ihre Hände den Boden wieder berühren. In dieser Stellung des völlig ausgeatmetseins verweilen Sie einen Moment. Spüren Sie Ihre Beziehung zur Erde.

Richten Sie sich dann mit dem Einatmen in der oben beschriebenen Weise wieder auf, und führen Sie diese Übung ein weiteres mal durch. Sie können diese Erde-Himmel-Bewegung solange machen, bis Sie eine Pause brauchen.

Schließen Sie dann Ihre Augen und erleben Sie Ihr inneres Zentrum.

Kapitel 9

Sexuelles Zentrieren

Für gewöhnlich verlieren wir bei der sexuellen Vereinigung zeitweilig unser eigenes Zentrum völlig, um mit einem anderen Menschen zu verschmelzen. Dies ist eine der primären Erfahrungen. Aber es gibt in der körperlichen Liebe auch noch einen anderen Aspekt, der den eigenen Zentrierungsprozeß enorm verstärkt.

Die einzelnen Stadien sexueller Erregung – bevor es zur Vereinigung kommt – sind mit dem Aufladen von Energie im eigenen Zentrum verbunden. Diese positive energetische Ladung ist übrigens nicht nur für unser Lustempfinden wichtig, unser gesamtes Lebensgefühl, unsere Vitalität hängt davon ab.

Es ist nicht einfach, in seiner Mitte zu bleiben, während die sexuelle Erregung ständig steigt, und nur allzuoft verlieren wir unser inneres Gleichgewicht lange bevor es zum Orgasmus kommt.

Deshalb stellt sich als erstes die Frage: Wie können wir auch in Situationen höchster sexueller Leidenschaft tief in unserem Zentrum bleiben? Ist das überhaupt möglich? Die Antwort ist ja, und der Schlüssel zur Lösung dieses Problems liegt wieder darin, sich seiner Atmung, seines Gleichgewichts und seines ganzen Körpers bewußt zu bleiben.

Ein Mensch verliert meist dann sein Zentrum bei der sexuellen Vereinigung, wenn er in Phantasien und Erwartungen schwelgt. Wenn man mit seinem Partner im gegenwärtigen Augenblick bleibt, spürt man auch in höchster sexueller Lust ein Gefühl von innerer, zentrierter Ruhe. Erst wenn man den gegenwärtigen Augenblick verliert, geht auch das Gefühl des inneren Gleichgewichts verloren.

Das sexuelle Miteinander kann ganz direkt ein sehr starkes

Gefühl von Zentriertheit bringen. Wenn zwei Menschen ihre Energien ganz aufrichtig miteinander verbinden, ohne Angst und Erwartungshaltungen, dann erleben sie den wunderschönen Widerspruch, völlig in ihrem eigenen persönlichen Zentrum, und gleichzeitig völlig eins mit einem anderen Menschen zu sein.

In der Tradition der Bioenergetik, mit der ich mich in der Anfangszeit meiner Arbeit als Therapeut sehr intensiv befaßt habe, mißt man dem totalen Orgasmus ein enormes Gewicht bei und legt sehr viel Wert auf die regelmäßige Entladung des Zentralnervensystems als Mittel für inneres Gleichgewicht. Die Erkenntnisse von Wilhelm Reich und seinen Kollegen sind sicherlich stichhaltig. Aber in meiner bioenergetischen Ausbildung habe ich mich auch mit Yoga beschäftigt, vor allem mit dem tibetischen Tantra, bei dem der Hauptakzent auf dem Beibehalten der sexuellen Aufladung und nicht auf dem Entladen liegt. Seither war es für mich eine Herausforderung, diese beiden extrem gegensätzlichen Traditionen, von denen jede für sich absolut logisch zu sein scheint, miteinander zu verbinden.

Die Unterweisungen des tantrischen Buddhismus veranschaulichen detailliert, wie ein Mann und eine Frau die sexuelle Vereinigung zu einem meditativen Akt machen können.

Hier für unsere Zwecke möchte ich Ihnen einfach den allgemeinen Ansatz beschreiben, damit Sie über diese Meditation nachdenken und sehen, welche Beziehung Sie zu Ihrem eigenen Sexualleben finden können. Gleichzeitig möchte ich Ihnen zeigen, daß sich die Ansätze des Tantra und der Bioenergetik in bezug auf die Sexualität überhaupt nicht widersprechen müssen. Es scheint eher so zu sein, daß ein gut ausgewogenes Sexualleben ein Gleichgewicht beider Ansätze notwendig macht. Höchstwahrscheinlich haben Sie selbst dieses Gleichgewicht bereits entdeckt.

Beim sexuellen Miteinander des Tantra liegt der Hauptakzent im Erleben einer enormen sexuellen Energieaufladung im Körper, ohne daß diese Aufladung entladen wird. Aus tantrischer Sicht würde man seine vitale Energie durch ein unnützes Entladen verschwenden. Dies gelingt aber nur, wenn man auch in höchster sexueller Erregung völlig im gegenwärtigen Augenblick zentriert bleibt, in die Lust hineinatmet, damit die Energie durch den Körper und auch die subtileren Körper durchfließen kann, ohne dabei einen Orgasmus auszulösen.

In diesem Zustand können beide Partner ihr Bewußtsein erweitern, indem sie zuerst ihren ganzen Körper »auf einmal« mit einschließen, so wie wir das bereits gelernt haben, und dann das direkte Erleben des elektromagnetischen Feldes des anderen auch mit einzubeziehen, während es sich mit dem eigenen auf mehreren verschiedenen Ebenen vermischt.

Vielleicht erscheint Ihnen das etwas zu langweilig, sich mit seinen eigenen Atmung/Herzschlag/Gleichgewicht/ganzer Körper-Meditationen zu befassen, während Sie gerade ganz intim mit einem anderen Menschen zusammen sind. Aber letztendlich hängt Ihre Beziehungsfähigkeit völlig von Ihrer Fähigkeit ab, bei der sexuellen Vereinigung in Ihrem Zentrum bleiben zu können.

Wenn Sie spüren, daß Sie Ihr Zentrum verlieren, versuchen Sie, zu Ihrer Atmung und zu Ihrem Gleichgewicht zurückzukehren, bevor Sie tiefer in die sexuelle Erfahrung hineingehen.

Für die meisten von uns ist der sexuelle Ansatz der tibetischen Tradition etwas extrem. Permanent seine sexuelle Aufladung bei sich zu behalten und diese somit in eine »höhere« spirituelle Aufladung zu transformieren, mag ein erhabenes und erstrebenswertes Ziel sein. Wenn es aber um die Praxis geht, sind die meisten von uns glücklich so, wie es ist.

Mein Empfinden hat zu einer Kombination beider Ansätze geführt. Manchmal ist es sehr befriedigend, wenn man sich einfach völlig von seiner Mitte löst, um sich seinen Phantasien und Erwartungen hingeben zu können.

Ein anderes Mal kann man den Schwerpunkt mehr auf die meditative Erfahrung verlagern, dadurch daß man ruhig und im gegenwärtigen Augenblick zentriert bleibt und sich in die direkte Begegnung mit dem Zentrum des Partners vertieft. Sie können spüren, wie sich Ihre Zentren auf der genitalen Ebene verbinden und gleichzeitig Ihr eigenes Zentrum tief in Ihrem Inneren spüren.

In diesem Zustand können erstaunliche und ganz unerwartete Erfahrungen entstehen, bei denen unsere Vorstellungen davon, wer wir sind, und wie sich unser Energiefeld mit der Außenwelt vermischt, völlig beiseitegelassen werden müssen, während wir uns für die direkte Erweiterung unseres Bewußtseins öffnen, die durch die sexuelle Beziehung entstehen kann.

Soziale Beziehungen, und zwar sowohl auf sexueller wie auf nichtsexueller Ebene, sind immer eine Herausforderung für inneres Gleichgewicht und Selbstvertrauen.

Es ist ein schmaler Grat zwischen der positiven Beeinflussung durch das Kraftfeld eines anderen Menschen und der Gefahr, durch dieses andere Zentrum die eigene Mitte zu verlieren. Wollte man diesen Einfluß von außen völlig vermeiden, so hieße das in Isolation und Einsamkeit leben. Aber wer will und kann das schon?

Es ist deshalb äußerst wichtig, einen tiefen Kontakt zu seiner inneren Mitte zu entwickeln – sozusagen als Vorbereitung auf soziale Kontakte. Wenn es Ihnen gelingt, sich völlig Ihrer Atmung und Ihres inneren Bewußtseins gegenwärtig und gleichzeitig ganz offen für andere Menschen zu sein, haben Sie alle Voraussetzungen für optimale Beziehungen.

Beziehung aus der Mitte

Jeder von uns hat schon die Erfahrung gemacht, daß er die Aufmerksamkeit für seine Atmung und seinen ganzen Körper verliert, wenn er in ein Gespräch versunken ist.

Es ist deshalb eine der größten Herausforderungen, zu lernen, wie man sein Bewußtsein auf die eigenen inneren Bereiche und gleichzeitig auf den jeweiligen Gesprächspartner lenken kann.

Das kann nur schrittweise vor sich gehen. Seien Sie also geduldig und erwarten Sie am Anfang nicht zu viel.

Versuchen Sie einmal, während eines Gespräches sowohl Ihre Füße als auch Ihren Gesprächspartner bewußt wahrzunehmen.

Dies ist gewöhnlich der leichteste Schritt. Er bringt Sprechen und Fühlen ins Gleichgewicht und vermittelt zudem ein Gefühl der Erdung.

Als nächstes seien Sie sich während der Unterhaltung zusätzlich noch Ihres Kraftzentrums im Bauch bewußt. Da die Stimme ihren Ursprung ganz tief unten in diesem Kraftzentrum hat, verstärkt sich dadurch auch die Kraft Ihrer Worte.

Als dritten Punkt beziehen Sie Ihre Hände beim Reden mit in Ihr Bewußtsein ein. Beobachten Sie, wie Sie zum Beispiel manche Worte durch bestimmte Gesten unterstreichen usw.

Wenn Sie diese drei Bereiche gleichzeitig ganz bewußt wahrnehmen, während Sie in ein Gespräch vertieft sind, bekommen Sie ein wunderbares Gefühl für Gleichgewicht.

Die soziale Meditation in drei Punkten

Sie können die Drei-Punkte-Meditation mit der folgenden Visualisierungsmeditation verbinden.

Schließen Sie zunächst einmal die Augen, und stellen Sie sich eine bestimmte Gesprächssituation vor, in der Sie gerne in Ihrer Mitte bleiben möchten. Machen Sie anschließend die Drei-Punkte-Meditation, spüren Sie Ihre Füße, Ihren Bauch und Ihre Hände gleichzeitig. Sie werden merken, daß Sie bei dieser Meditation ganz natürlich Ihre Aufmerksamkeit auch auf Ihre Atmung lenken, denn um sich der zwei oder mehr Punkte in Ihrem Körper bewußt zu sein, wird Ihr Geist sich ganz natürlich auf die Atmung als zentralen Fokus konzentrieren.

Versuchen Sie einmal, mit Ihrer Aufmerksamkeit bei diesen drei Punkten und Ihrer Atmung zu bleiben, während Sie sich vorstellen, daß Sie Ihre Augen öffnen und jemanden vor sich sehen, der gerne mit Ihnen reden möchte. Stellen Sie sich im Geiste vor, wie Sie sich unterhalten, während Sie gleichzeitig das Gefühl Ihrer Füße auf dem Boden, Ihrer Hände, die sich frei bewegen, und des Kraftzentrums in Ihrer Mitte genießen.

Versuchen Sie es nun einmal, und beobachten Sie Ihre Erfahrungen.

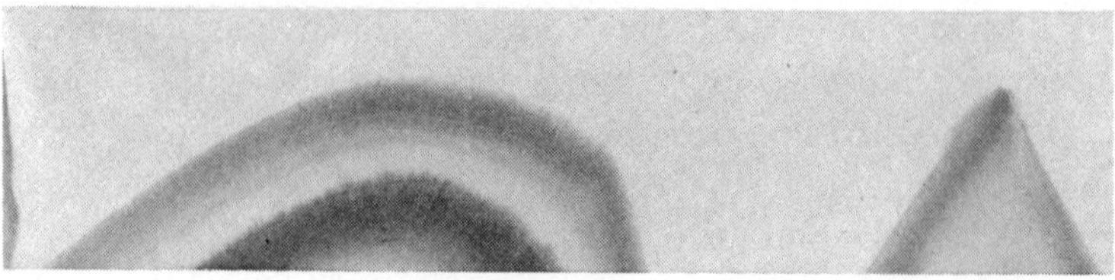

Sie können diese Meditation natürlich erweitern und immer intimere Situationen miteinbeziehen, damit Sie Ihre Fähigkeit, in Ihrer Mitte zentriert zu bleiben, erforschen können. Ein derartiger Visualisierungs- und Phantasieprozeß in der Meditation kann für eine Bewußtseinserweiterung sehr wertvoll sein.

Kapitel 10

Zustände der Glückseligkeit

Viele Jahre lang habe ich mit Menschen auf dem spirituellen Weg gesprochen, die sich der einen oder anderen Meditationsform verschrieben hatten und auf der Suche nach der spirituellen Transzendenz waren. Ich selbst bin nie in religiösen Organisationen gewesen und habe den Alleingang auf diesem Weg bevorzugt. Und ich war mir auch nie sicher, ob das Erlangen des Satori oder der Erleuchtung, oder die Möglichkeit, irgendwann einmal in den Himmel zu kommen, für mein gegenwärtiges Leben so wichtig sind.

Aber ich war sehr neugierig, welche spezielle Motivation meine Freunde hatten, die sich durch spirituelle Disziplin bemühten, transzendente Zustände zu erreichen. Aus psychologischer Sicht kann man sagen, daß sich Menschen nur dann irgendwo einlassen, wenn sie ein starkes Verlangen und Bedürfnis nach etwas haben, was in ihrem Leben fehlt.

Ganz tief drinnen suchen diese Menschen nach einem Zustand von Glückseligkeit. Der Hinduismus und der Buddhismus stellen diesen Zustand von totalem ekstatischem Frieden in Aussicht, wenn man Erleuchtung erlangt. Die islamische Tradition spricht ebenfalls sehr viel von dieser allerhöchsten Erfahrung. Und die großen Mystiker der christlichen Kirche ergossen sich ebenfalls in himmlischen Beschreibungen ihrer hellseherischen Begegnungen mit dem Göttlichen.

Interessanterweise hat Wilhelm Reich eine ähnliche Terminologie benutzt, um diesen Zustand von emotionaler und sexueller Entladung zu beschreiben, bei der die allerhöchste Glückseligkeit dadurch erreicht wird, daß man jede Form von innerem Druck löst.

In der Zeit, als ich mich intensiv mit diesem Zustand von spiritueller Glückseligkeit beschäftigte, war ich mit einigen Wissenschaftlern befreundet, die gerade das Lustzentrum des menschlichen Gehirns untersuchten. Ohne großes Zögern konnten sie mir sagen, daß der sexuelle Ausbruch des Orgasmus und der spirituelle Zustand der Erleuchtung mit Sicherheit ihren Ursprung im Lustzentrum des Gehirns haben.

Vor einigen Jahren habe ich mit einer Gruppe von Psychiatern in der DDR gearbeitet, um herauszufinden, inwiefern ihre besondere schulische und philosophische Erziehung ihre Erfahrungen von spirituellen Zuständen beeinflußt hatte. Man war sich ganz sicher, daß sämtliche verschiedenartigen religiösen Traditionen darauf abzielen, bei ihren Meditationspraktiken die Eigenstimulanz des Lustzentrums im Gehirn zu bewirken. Und aus kommunistischer Sicht ist solch eine selbstsüchtige Aktivität ein Verbrechen an der Gesellschaft.

Erst als ich damit anfing, von Meditation als einem Zentrierungsprozeß zu sprechen, der einen Menschen darauf vorbereitet, sich stärker auf der sozialen Ebene einzubringen, begannen meine Berufskollegen in der DDR solche Techniken für ihre therapeutische Arbeit als praktikabel anzusehen.

Ich erwähne hier alle meine unterschiedlichen Erfahrungen nur, um Sie auf die folgende Frage vorzubereiten, über die Sie nachdenken sollen: Wissen Sie, was Sie dazu motiviert dieses Buch zu lesen, diese Meditationen zu machen und ganz allgemein Ihr Potential einer Bewußtseinserweiterung zu erforschen? Was ist das, was Sie brauchen, wonach Sie ein Verlangen fühlen, was Ihnen fehlt, was Sie begehren, wovon Sie bei Ihrer Suche nach einem tieferen Kontakt zu Ihrem Zentrum profitieren würden? Wenn Sie möchten, können Sie jetzt ein paar Atemzüge lang innehalten und sehen was passiert, wenn Sie Ihre Augen schließen und über diese Frage nachdenken:

Sowohl Menschen als auch Tiere sind Wesen, die ganz natürlich Schmerz da meiden, wo sie nur können, und Freude suchen, wo sie möglich ist. Wenn wir bei unseren spontanen Entscheidungen nicht bestraft und eingeschränkt werden, dann haben wir eine ganz organische Motivation, in diese glückseligen Zustände zu kommen und eine reflexhafte Tendenz, uns vom Leid und von der Pein fernzuhalten.

Deshalb ist es auch ohne jede Frage sinnvoll, daß das allerhöchste Ziel der spirituellen Suche darin besteht, einen Zustand von völligem Frieden, Ekstase, Befriedigung und Sicherheit zu erlangen, in einem Wort: Glückseligkeit. Die meisten von uns hatten als kleine Kinder endlos viele Momente, in denen sie glückselig waren.

Aber ganz allmählich ging dieses spontane Erleben von Glückseligkeit größtenteils verloren. Für jedes Kind ist das Leben auf diesem Planeten hart, egal ob es arm oder reich, intelligent oder dumm, krank oder gesund ist. Das Erwachsenwerden zerstört unseren jugendlichen Lebensenthusiasmus, und unsere Fähigkeit, loszulassen und uns auf den Flügeln unserer inneren Gefühle zu entfalten, geht Schritt für Schritt verloren.

Wenn wir diesen Zustand nie gekannt hätten, würden wir ihn natürlich auch nicht vermissen und hätten noch nicht einmal eine Ahnung, wonach wir uns so sehnen. Da wir aber den vollkommenen Frieden im Mutterleib, regelmäßige Glückseligkeit im Säuglingsalter und gelegentliche Euphorie in der Kindheit erlebt haben, haben wir als Erwachsene das unbewußte Verlangen, in diesen »Garten der Glückseligkeit« zurückzukehren.

Manchmal fühlen wir uns für diese Sehnsucht schuldig, und versuchen unsere elementare Motivation unter dem Deckmantel der einen oder anderen Religion zu verbergen. Aber wenn wir uns gegenüber ehrlich sind, müssen wir aufstehen und sagen: »Ja, ich möchte mich wohl fühlen, ich möchte Freude empfinden, ich möchte diesen völlig orgiastischen Energiefluß in meinem Körper spüren, der dem ähnelt, den ich als Baby empfunden habe.«

Wenn wir uns darüber einig sind, kommen wir zur nächsten

Frage, nämlich der, wie wir am direktesten, einfachsten und sichersten diesen Zustand von Glückseligkeit wiedergewinnen können, zumindest hier und da, und noch besser tagtäglich. Und warum denn nicht tagtäglich?

Sie werden in allen meinen »Tonbüchern« die primäre Ausrichtung auf die Entfaltung der persönlichen Freude im gegenwärtigen Augenblick finden. Durch meine protestantische Erziehung wurde ich darauf konditioniert, mein Bedürfnis nach dieser Glückseligkeit zu verleugnen. Wir hatten in meiner Kirche ernsthafte, hart arbeitende, disziplinierte Presbyterianer zu sein, und Sex war nur zum Zweck der Fortpflanzung vorgesehen. Es war verboten Alkohol anzurühren oder zu sündhafter Pop-Musik zu tanzen.

Aber es ist fast ausgeschlossen, einem jungen Burschen die Hölle so heiß zu machen, daß seine natürlichen Bedürfnisse nach Glückseligkeit und reinem Vergnügen völlig gebrochen werden, und ich hatte das Glück, Eltern zu haben, die diese strenge Theologie auch nicht voll akzeptierten.

Wie sieht das bei Ihnen aus? Vielleicht wollen Sie die Frage umformulieren und über Folgendes nachdenken: Inwiefern wurde Ihr natürliches Streben nach Spaß und Freude behindert, verzerrt und Bestrafungen ausgesetzt, und inwiefern beeinträchtigt diese Kindheitskonditionierung Ihre Beziehung zu Ihrem Potential von Glückseligkeit?

Wenn Ihnen die Meditationen und Bewegungen in diesem Programm helfen, und Sie wirklich lernen, Ihr inneres Gleichgewicht und Ihr Gefühl der Zentrierung zu erweitern, inwiefern werden Sie dann diesen intensiveren Kontakt zu Ihrem primären Kern im Alltag umsetzen?

Haben Sie die Absicht, Ihr neu gefundenes inneres Gleichgewicht dazu zu benutzen, um in die Richtung von Schmerz oder von Freude zu gehen?

Ich stelle Ihnen deshalb solche Fragen, damit Sie sichergehen können, daß Ihre alte Konditionierung nicht immer noch Ihr

Potential für Frieden, Befriedigung und Erfüllung in Ihrem momentanen Leben beeinträchtigen. Sich seine Beziehung zur Glückseligkeit direkt anzuschauen, heißt, sich ganz offen die Hemmungen, die einen bei der Suche nach einem tieferen Kontakt mit dem Zentrum zurückhalten, anschauen.

Dies deswegen, weil Sie unweigerlich Glückseligkeit entdecken werden, wenn Sie einen tieferen Bezug zu Ihrem inneren Gleichgewicht gefunden haben. Mit jeder Bewußtseinserweiterung kommt auch eine umfassendere Glückseligkeitserfahrung. Jedes Mal, wenn Sie eine Hemmung loslassen, sich dem natürlichen Energiefluß in Ihrem Körper hingeben, werden Sie einen Lustrausch spüren. Wenn Sie vor solch einem Lustrausch Angst haben, dann werden Sie in Ihren Meditationen unangenehme Blockaden spüren. Es wird Ihnen zum Beispiel nur schwer gelingen, sich auf Ihre Atmung zu konzentrieren. Angst und Verwirrung werden größer werden und Ihre Aufmerksamkeit für Ihren ganzen Körper im gegenwärtigen Augenblick trüben.

Freude und Glückseligkeit spüren Sie in Ihrem Körper.

Wenn Sie auf Ihre Atmung schauen, dann schauen Sie auf Ihr Glückseligkeitszentrum.

Wenn Sie Ihren Herzschlag spüren, spüren Sie Ihr Lustpotential.

Wenn Sie Ihr Gleichgewicht in der Beziehung zu dem Planeten, auf dem Sie leben, spüren, dann spüren Sie auch Ihren direkten Kontakt zur Quelle Ihrer Freude.

Wenn Sie Ihren ganzen Körper erleben, dann unterhalten Sie sich mit dem Vehikel, durch das Sie alle Glückseligkeit fühlen.

Und wenn Sie Ihre Augen öffnen und die Außenwelt ohne Hemmung oder Bewertung empfangen, dann erwecken Sie das gleiche spontane Gefühl der Euphorie, das Sie als lächelnder Säugling empfanden.

Es gibt ein altes amerikanisches Volkslied, das von den schwarzen Sklaven stammt, und das mir seit Tagen während der Fertigstellung dieses Buches durch den Kopf geht: »Denke an das Gefühl, das du als Kind hattest, wenn du aufwachtest und der Morgen lachte! Es wird Zeit, höchste Zeit, sich wieder so zu fühlen!«

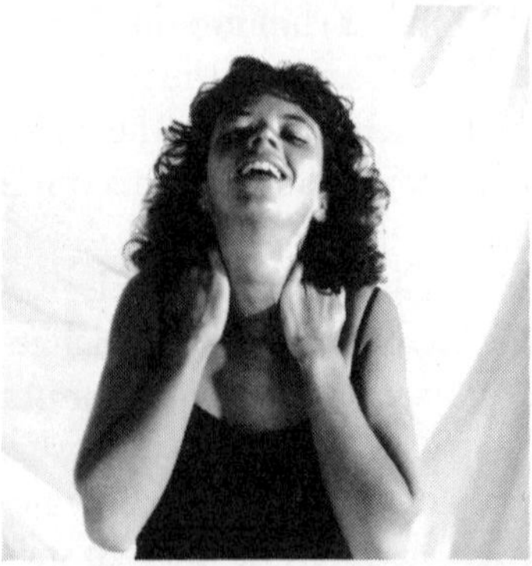 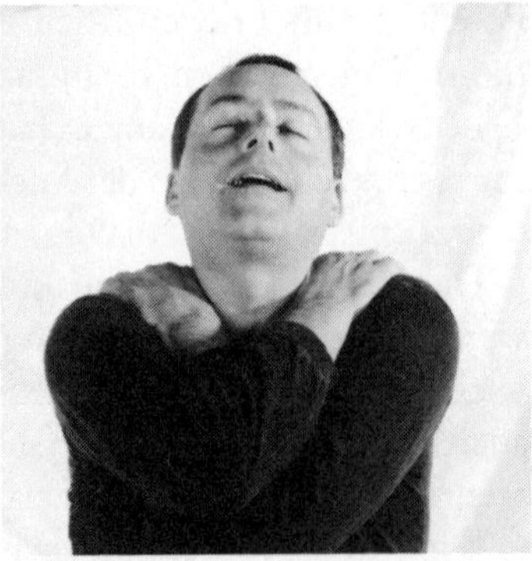

Glückseligkeit ist ein Gefühl, das anders als unsere gewöhnlichen Emotionen ist. Glückseligkeit ist keine Reaktion auf ein äußeres Ereignis oder eine Stimulanz, die durch Erinnerungen oder Erwartungen ausgelöst wird. Sie ist eine reine Erfahrung der eigenen, unendlichen Tiefe.

Wenn Sie diese einfachen Meditationen und Bewegungen machen, die wir gelernt haben, dann richten Sie Ihre Aufmerksamkeit ganz direkt auf Ihr Glückseligkeitszentrum und bringen Ihren bewußten Geist mit dieser inneren Mitte von völligem Frieden und Gleichgewicht in Harmonie.

Das Schönste an einem Babylächeln ist seine Spontanität. Es kommt aus dem innersten Wesenskern und strahlt nach außen.

Wir alle können diese Eigenschaft wieder zurückgewinnen, und das Leben auf unserer Erde wäre sicherlich um einiges leichter, wenn wir alle regelmäßig in diesem ausgewogenen, euphorischen Zustand wären, den wir alle ganz tief in uns haben.

Um diesen Zustand von Glückseligkeit zu erlangen, braucht man keine äußerliche Stimulanz oder kostspieligen Vergnügungen. Das einzige was wir brauchen, um in diesen Zustand der Glückseligkeit zu kommen, ist das richtige Ausrichten der Aufmerksamkeit auf das eigene innere Zentrum.

Aus diesem Grund sind die Meditationen und Bewegungen, die Sie gelernt haben, auch einfach und elementar.

Glückseligkeit ist das Wieder-Entdecken Ihres inneren Lächelns. Wenn wir ganz direkt unsere grenzenlose Ganzheit spüren, dann besteht unsere ganz natürliche Reaktion darin, Glücklichkeit auszustrahlen. Das Leben an sich ist – wenn es keine Hemmschwellen gibt – wirkliche Freude. Das direkte Wahrnehmen der eigenen Lebenskraft, etwa dadurch, daß man seine Atmung spürt, ist das einzige, was man braucht, um diesen Zustand von Glückseligkeit zu erlangen.

Worte können uns nur ein Stück weit zu der tatsächlichen Erfahrung bringen. Ich möchte deshalb diese Diskussion mit einigen Bewegungsmeditationen abschließen. Sie können dann für sich selbst herausfinden, welche Erfahrungen Sie bei diesen Bewegungen und Stellungen machen.

Bewegungsmeditation

Legen Sie sich auf einer bequemen Unterlage auf den Bauch.

1. Schließen Sie die Augen. Ihre Hände liegen mit den Handflächen nach unten neben Ihrem Kopf. Entspannen Sie sich, und richten Sie Ihre Aufmerksamkeit auf Ihre Atmung, die ganz mühelos durch Ihre Nase kommt und geht.
2. Erweitern Sie Ihr Bewußtsein auf Ihren Herzschlag und Ihren Puls.
3. Strecken Sie jetzt Ihre Füße in die Luft, und bewegen Sie Ihre Unterschenkel langsam nach links und nach rechts, während Sie sich dabei auf Ihr inneres Gleichgewicht konzentrieren. Diese Beinbewegung wird vor allem Ihr Bewußtsein in der Wirbelsäule verstärken, und den Energiefluß im Beckenbereich in Gang setzen.
4. Wenn es angenehm für Sie ist, lassen Sie Ihre Füße oben. Sie können sie aber ebenso gut zurücklegen. Erweitern Sie Ihr Bewußtsein auf Ihren ganzen Körper.
5. Wenn Sie bereit sind, strecken Sie Ihre Arme nach vorne und spreizen Ihre Beine ein wenig, so daß Sie mit Ihrem Körper ein

»X« bilden. Zunächst heben Sie Ihren *linken* Fuß und Ihren *rechten* Arm in die Luft, während Sie dabei ein paarmal *einatmen.* Legen Sie dabei Ihre Stirn auf den Boden. Bleiben Sie für einen Moment in dieser Stellung, während Sie Ihre Mitte spüren.

Atmen Sie anschließend aus und legen Sie dabei Ihre Arme und Beine langsam zurück. Bleiben Sie einen Moment lang ausgeatmet. Ihre Stirn liegt dabei immer noch auf dem Boden.

Strecken Sie jetzt Ihr *rechtes* Bein und Ihren *linken* Arm in die Luft, um die umgekehrte Stellung zu spüren, während Sie dabei *einatmen,* und Ihren Atem für einen Moment halten. Ihre Stirn berührt dabei immer noch den Boden.

Bringen Sie jetzt Arm und Bein wieder runter, bleiben Sie einen Moment völlig ausgeatmet, bevor Sie wieder Ihr *linkes* Bein und den *rechten* Arm nach oben bringen und dabei einatmen. Machen Sie diese Bewegungsmuster ein paarmal hintereinander. Und schließlich heben Sie beide Arme und Beine gleichzeitig vom Boden ab. (Anstatt hier zu beschreiben, was die Menschen allgemein bei dieser Bewegung erleben, überlasse ich es Ihnen, Ihre eigenen urplötzlichen Entdeckungen in bezug auf Ihr Zentrum zu machen!)

6. Aus dieser liegenden Stellung kommen Sie auf Ihre Hände und Knie zurück und setzen sich auf Ihre Fersen. Ihre Arme sind vor Ihnen auf dem Boden, Ihre Knie und Hände sind ziemlich weit auseinander, Ihre Stirn berührt wieder den Boden.

   Bringen Sie jetzt Ihre Hände etwas weiter nach vorn, während Sie dabei die Stellung ändern, indem Sie Ihre Arme und Beine ausstrecken, Ihren Rücken durchdrücken und hoch zur Decke schauen. Das nennt man im Yoga die Volle-Kobra-Pose. Sie erweckt ganz stark Ihr Gefühl für Ihr inneres Zentrum. Atmen Sie in dieser Stellung durch die Nase ein.

   Gehen Sie wieder zurück in die Ausgangsstellung, die man im Yoga die »Kinds-Pose« nennt. Bringen Sie Ihre Hände etwas nach hinten, so daß Sie bequem auf Ihren Fersen sitzen können. Ihre Stirn berührt den Fußboden.

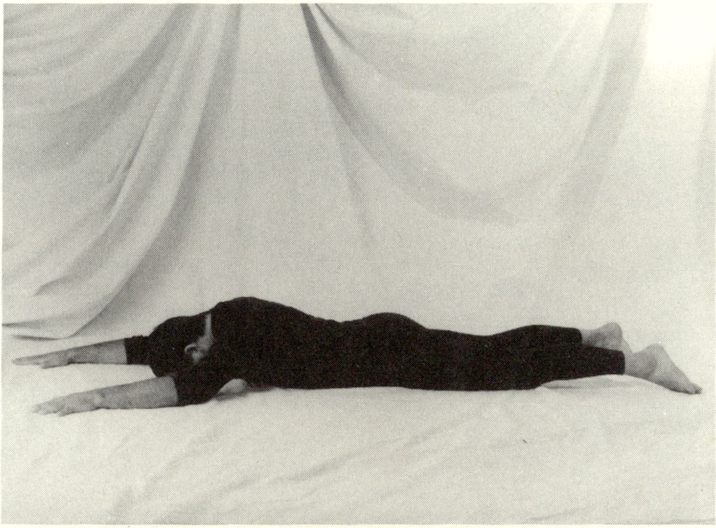

Machen Sie zwischen jedem Ein- und Ausatmen eine meditative Pause.

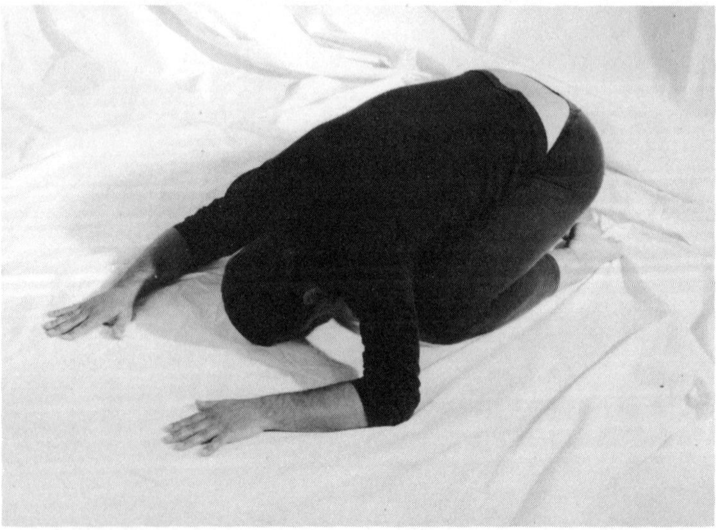

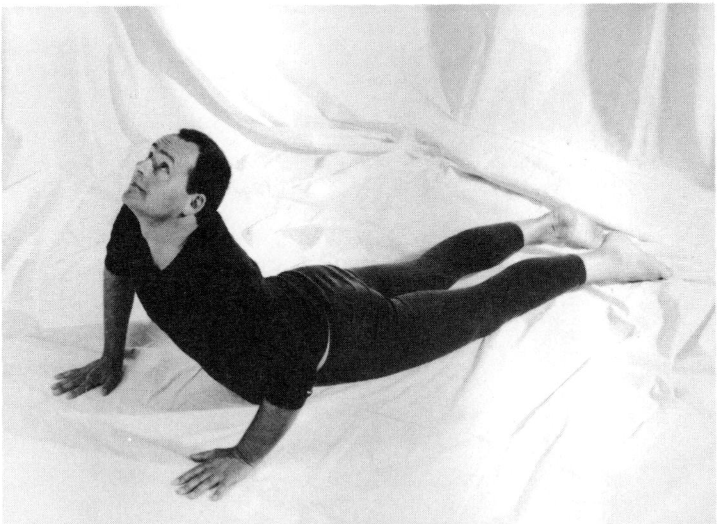

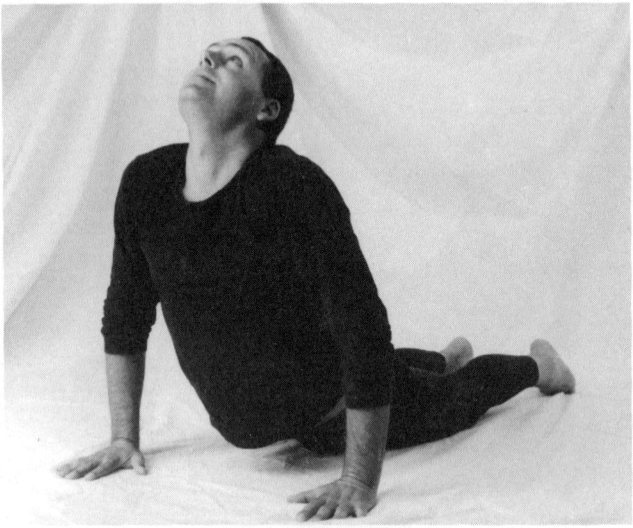

7. Atmen Sie langsam ein. Bewegen Sie dabei den Oberkörper etwas nach vorne. Ihre Stirn berührt immer noch den Boden. Legen Sie beide Hände neben den Kopf. Heben Sie Ellenbogen und Füße vom Boden ab, rollen Sie langsam von der Stirn auf den Scheitel. Ihr Hauptgewicht liegt nun auf dem Kopf. Dies ist eine sanfte, fließende Bewegung, die man mit geschlossenen Augen macht.
   Beim Ausatmen rollen Sie wieder in die Kinds-Pose zurück. Entspannen Sie einen Moment in dieser angenehmen Stellung, in der Kinder oft schlafen.
   Machen Sie diese Übung einigemale hintereinander. Wenn Sie sie richtig beherrschen, könnte sie Ihre Lieblingsübung werden.
8. Anschließend setzen Sie sich mit immer noch geschlossenen Augen langsam wieder auf Ihre Fersen, so daß Ihr Oberkörper aufrecht ist. Schauen Sie einmal, ob Sie sich immer noch Ihrer Atmung und Ihres Herzschlages, Ihres Gleichgewichts und Ihres ganzen Körpers bewußt sind.

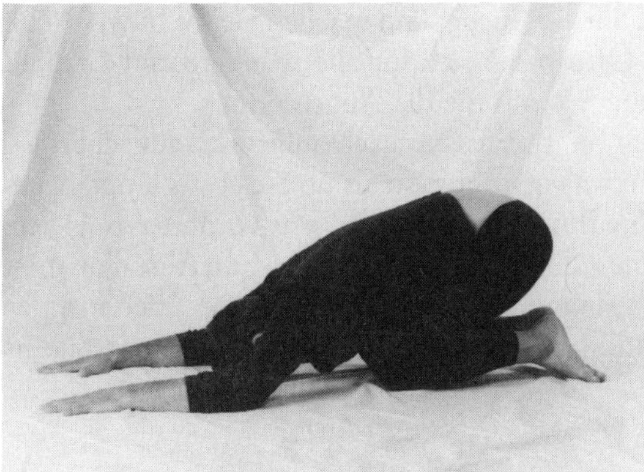

Öffnen Sie die Augen, und machen Sie die Innen-Außen-Meditation. Öffnen Sie sich für alle wunderbaren Gefühle, die Sie empfinden, wenn Sie die Augen öffnen.
Strecken Sie Ihre Arme nach außen, Handflächen nach oben, Finger etwas gespreizt, so als ob Sie etwas empfangen wollten. Sehen Sie Ihre Hände und das, was vor Ihnen ist gleichzeitig, so als ob Sie »alles auf einmal sehen«. Zum Abschluß dieser Bewegungsmeditation legen Sie die Hände übereinander auf die Brust und öffnen sich allen Gefühlen und Bewußtseinserweiterungen.

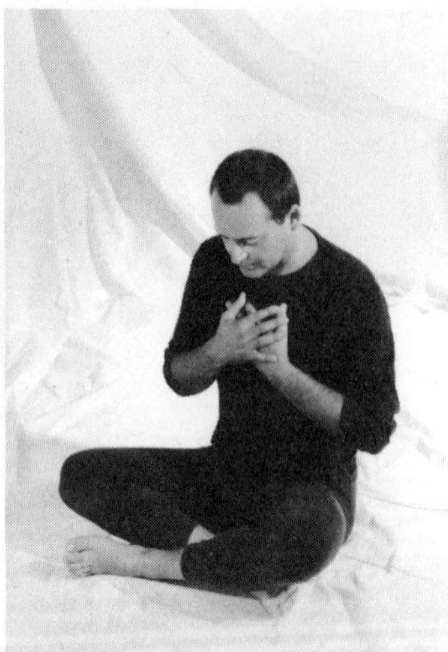

Einleitung zu den geführten Sitzungen

In den späten 60er Jahren gab es in San Francisco eine große spirituelle Bewegung. Lehrer aus vielen unterschiedlichen Traditionen lebten dort, und man konnte zu Sufimeistern, Buddhisten, Yogis, Christen, amerikanischen Indianern und anderen esoterischen Traditionen Zugang finden.

Gewöhnlich konnte man kostenlos mit einem dieser spirituellen Meister in einer schönen Umgebung sitzen und sich von der Stimme dieser erfahrenen Menschen durch zahlreiche meditative Erfahrungen führen lassen.

Ich war damals Anfang 20, und da ich in San Francisco studierte, verbrachte ich einen großen Teil meiner Freizeit damit, den unterschiedlichsten spirituellen Meistern zuzuhören. Durch diese Erfahrung lernte ich die Kraft des gesprochenen Wortes sehr zu schätzen.

Seit dieser Zeit habe ich diese elementare Struktur der geführten Meditationssitzung in meiner therapeutischen Arbeit und bei meinen Seminaren benutzt. Ich habe herausgefunden, daß man kein erleuchteter Meister sein muß, um einem anderen Menschen bei seiner Suche nach einer tiefen Begegnung mit dem innersten Kern seines Wesens behilflich zu sein. Das einzige, was man als hilfreicher Führer braucht, ist ein umfassendes Verständnis der Meditationsprinzipien, eine mitfühlende Stimme und ein hohes Maß an Erfahrung für die Erstellung einer geführten Sitzung.

Die beiden gesprochenen Sitzungen auf der beiliegenden Kassette werden Ihnen eine große Hilfe sein. Meine Kollegin, Birgitta Steiner, die Sie bei den Erfahrungen begleitet, hat mit mir bei der Entwicklung der Programme sehr eng zusammengearbeitet.

Alles, was Sie auf der Kassette hören, wurde bereits in diesem

Buch erörtert und erklärt. Sie werden bei den geführten Sitzungen also nichts Unbekanntem begegnen.

Sicher hat eine solche Sitzung ein kraftvolles suggestives Element. Da Sie bereits wissen, was Sie erwartet, können Sie sich entspannen und der Stimme, die Sie führt, vertrauen. Ein solches Vertrauen ist für den Erfolg dieses geführten Programms sehr wichtig.

Ich kann Ihnen versichern, daß es keine hypnotischen Suggestionen gibt, die den Zustand Ihres Bewußtseins nach der Sitzung beeinflussen würden. Ich halte im allgemeinen von solchen Techniken sehr wenig, und schon gar nicht in einer meditativen Atmosphäre. Genießen Sie deshalb die mühelose Ungezwungenheit, mit der Birgitta Sie durch die unterschiedlichsten Bewegungen und Meditationen führen wird. Genießen Sie vor allem die spontanen Geistesblitze, die Sie unendlich tief zu Ihrer eigenen Mitte bringen!

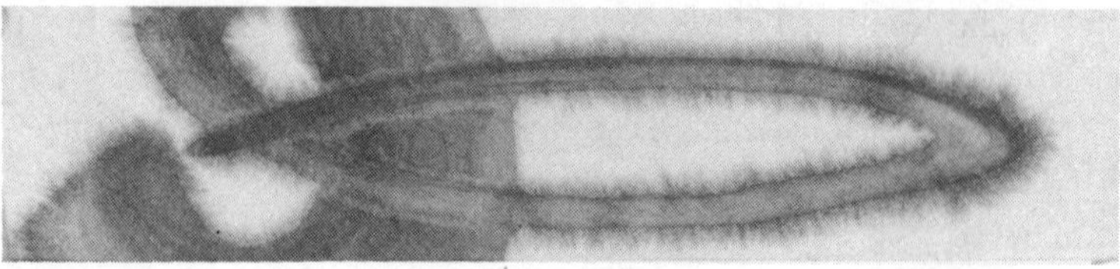

Einführung in die erste geführte Sitzung

Jedesmal, wenn Sie zwanzig Minuten oder eine halbe Stunde Zeit haben, Ihre Beziehung zu Ihrem inneren Zentrum auszukundschaften, können Sie die Kassette einlegen und sich ganz ohne jede Anstrengung der Führung von Birgitta anvertrauen.

Die Sitzungen sind so aufgebaut, daß sie immer und immer wieder gemacht werden können, ohne daß dabei jemals Ihr Potential an Bewußtseinserweiterung und persönlichem Wachstum erschöpft würde. So lange Sie sich der Einzigartigkeit des gegenwärtigen Augenblicks öffnen, und sich nicht zu sehr mit dem programmieren, was Sie in den letzten Sitzungen erlebt haben, werden Sie immer ein Gefühl von begeistertem Forschergeist in sich verspüren und darauf erpicht sein, sich auf ein neues Abenteuer mit Ihren tieferen Bewußtseinsschichten einzulassen.

Wir fangen bei der ersten Sitzung damit an, daß Sie aufstehen, sich entspannen und mit den Zentrierbewegungen für den ganzen Körper beginnen. Ich hoffe, daß Sie inzwischen genügend Zeit gefunden haben, den grundlegenden Fluß dieser Bewegungen auswendig zu lernen. Ich möchte ihn aber trotzdem zur Gedächtnisauffrischung nochmals erwähnen. Natürlich müssen Sie diese Bewegungen gelernt haben, bevor Sie die Kassette benutzen:

Als erstes stehen Sie ganz ruhig mit geschlossenen Augen da und machen die Vier-Atemzyklen-, Vier-Worte-Meditation. Anschließend öffnen Sie Ihre Augen und atmen in die neuen Erfahrungen hinein, die in Ihnen aufsteigen. Strecken Sie Ihre Arme seitlich nach außen, Ihre Handflächen zeigen nach oben.

Anschließend strecken Sie Ihre Arme nach vorne, die Handflächen zeigen nach unten, um mit der Erde unter Ihnen eine Verbindung herstellen zu können. Legen Sie anschließend Ihre Hände auf Ihre Augen, und entspannen Sie sich in dieser ruhigen Dunkelheit.

Sie massieren Ihr Gesicht ein bißchen, um eventuelle Verspannungen zu lösen und legen Ihre Handflächen vor der Brust zusammen. Sie befinden sich aus dieser Position heraus sehr stark mit dem gegenwärtigen Augenblick im Gleichgewicht.

Die geführte Sitzung bringt Sie als nächstes zu den Erdungsritualen. Birgitta wird jede einzelne Bewegung speziell erwähnen.

Nach der siebten Handbewegung des Zentrierungsrituals können Sie mit geschlossenen Augen aufstehen und Ihre Innen-Außen-Meditation noch einmal erleben. Öffnen Sie dabei langsam die Augen.

Nach den Erdungsritualen gehen Sie dann zu der sanften aber kraftvollen Erde- und Himmelbewegung über.

In diesem kraftvollen und sehr zentrierten Bewußtseinszustand gehen Sie ganz langsam umher, bleiben dabei mit Ihrer Atmung in Verbindung, während Ihre Augen »alles auf einmal« sehen. Anschließend setzen Sie sich ganz bequem hin, entweder in einen Stuhl oder mit gekreuzten Beinen auf eine Unterlage. Halten Sie eine Hand in ca. 30 Zentimeter Abstand vor das Gesicht. Schließen Sie die Augen und machen Sie die Vier-Worte-Meditation. Öffnen Sie dann langsam die Augen. Schauen Sie auf Ihre Handfläche und meditieren Sie ein paar Atemzüge lang.

Schließen Sie Ihre Augen wieder, und seien Sie sich sowohl der Hand vor Ihnen als auch Ihres Gesichtes bewußt.

Jetzt machen Sie die gleiche Meditation mit der anderen Hand. Anschließend schauen Sie einen Moment auf Ihre beiden Handflächen, bevor Sie dann Ihre Hände auf Ihre Augen legen.

Anschließend massieren Sie Ihr Gesicht, geben Sie dabei Laute von sich, um alle inneren Spannungen zu lösen und entspannen sich sieben Minuten lang in völliger Stille. In dieser Zeit werden sie von ruhiger Klaviermusik begleitet, die Ihnen dabei hilft, völlig im fortlaufenden, gegenwärtigen Augenblick zu bleiben und Sie nicht von Ihrem inneren Zentrum ablenkt, sondern Ihnen dabei hilft, Ihr Zentrum zu erweitern und die Außenwelt noch mehr einzubeziehen. Während der Musik können Sie die Augen langsam öffnen, um in Ihrem meditativen Zustand auch die visuelle Welt zu erleben.

Sie können sich, wann immer Sie wollen, den Vorschlägen der sprechenden Stimme entziehen. Birgitta bietet Ihnen einen hilfreichen Fluß von Möglichkeiten an, aber Sie sollten immer Ihrem inneren Zentrum als Ihrer höchsten Instanz vertrauen. Es kommt vielleicht vor, daß Sie beispielsweise lieber Ihre Augen öffnen möchten, wenn sie vorschlägt, sie zu schließen. Dies ist völlig in Ordnung. Sie können sogar sitzen, wenn sie Ihnen vorschlägt zu stehen oder sich hinzulegen. Nehmen Sie sich die Freiheit, während dieser Sitzung das zu tun, was spontan aus Ihnen herauskommt, selbst wenn das bedeutet, nach der ersten Hälfte der Sitzung die Kassette auszumachen, weil Sie an diesem Tag keine weitere Führung haben wollen. Sie sind die Mitte Ihres Universums, und das heißt, daß Sie die Veranwortung haben. Genießen Sie es!

Einführung in die zweite geführte Sitzung

Ganz im Unterschied zu der ersten Sitzung, beginnt diese damit, daß Sie ganz bequem auf dem Bauch auf einer Unterlage liegen und bereit sind, die acht Bewegungsmeditationen zu machen, die Sie am Ende des zehnten Kapitels gelernt haben. Birgitta wird Sie in dieser Stellung durch die Vier-Worte-Meditation begleiten und Ihnen dabei helfen, Ihr inneres Zentrum in diesem neuen Moment zu entdecken. Dann werden Sie mit Ihren Armen und Beinen die »Über-Kreuz«-Bewegungen machen, um den zentralen Punkt in Ihrem physischen Körper zu finden.

Anschließend sitzen Sie wieder auf Ihren Fersen und machen einige Male die Bewegung der »Kinds-Pose« bis zur vollen »Kobra-Pose«.

Anschließend folgen ein paar Kopfrollen, um ganz direkt Ihre cerebralen Zentrierungsprozesse zu stimulieren und um den Fluß der Energie entlang der Wirbelsäule nach oben und nach unten zu stimulieren.

Zum Abschluß dieser ersten acht Bewegungen setzen Sie sich wieder für ein paar Minuten mit geschlossenen Augen zurück auf Ihre Fersen, oder wenn das ungemütlich ist, in den Schneidersitz. An dieser Stelle, wenn nicht sogar schon früher, stellen sich oft intensive Glücksempfindungen ein.

Während Sie in alle möglichen Erfahrungen, die in Ihnen aufsteigen, hineinatmen, strecken Sie Ihre Arme seitlich nach außen; die Handflächen sind nach oben gerichtet. Diese Stellung dehnt auch die Brustkorbgegend und erweitert die Atmung auf wunderbare Weise. In dieser Grundhaltung öffnen Sie langsam die Augen. Richten Sie Ihre gesamte Aufmerksamkeit sowohl ganz tief nach innen als auch nach außen. Legen Sie Ihre Hände nun auf Brust und Herz und schließen Sie die Augen.

Der nächste Schritt dieser Sitzung führt Sie in die kontrollierte Atmung der Yoga-Tradition, erst atmen Sie gleichmäßig im 2-2-2-2-Tempo dann im 2-2-4-4-Tempo, um die Bewußtseinsebenen, die ganz natürlich solche Atemmuster begleiten, auszukundschaften. Machen Sie es sich während dieser Atemmeditation bequem, verändern Sie nach Belieben Ihre Stellungen.

Bei der nächsten Meditation verfolgen Sie Ihr Ein- und Ausatmen. Diese Meditation ist darauf ausgerichtet, daß Sie Ihre Aufmerksamkeit auf die Umkehrpunkte zwischen Ein- und Ausatmen lenken.

Öffnen Sie langsam die Augen; stützen Sie sich auf Ihre Hände und Knie, und strecken Sie sich ein bißchen, wie eine kleine Katze.

Stellen Sie sich dann wieder aufrecht hin, und machen Sie die Handflächenmeditation, um sich für den Derwisch-Zentriertanz vorzubereiten.

Nachdem Sie den Drehtanz mit beiden Händen getanzt haben, stehen Sie so lange still da, bis Sie völlig Ihr Zentrum fühlen können, Ihre Hände liegen dabei auf Ihren Augen. Anschließend setzen Sie sich ganz bequem hin, machen die grundlegende Zen-Meditation und lassen Ihr Bewußtsein sich um diese zentrale Realität herum in den nächsten sieben Minuten entfalten.

Es werden ab und zu die sanften Klänge japanischer Glocken ertönen, um Ihnen bei den Meditationen des gegenwärtigen Augenblicks zu helfen. Sie können Ihre Augen jederzeit öffnen, es steht Ihnen frei, sich zu bewegen oder auch nicht, Laute von sich zu geben, die Sitzung zu beenden, oder die Meditation, nachdem das Kassettenprogramm beendet ist, weiterzumachen.

Ein Wort zu den Musikalischen Dimensionen

Jenseits der Worte liegt die Sphäre der Musik. Wenn wir vom gedruckten Buch zur Audio-Kassette übergehen, eröffnet sich uns natürlich die Möglichkeit, eine bestimmte Musik mit einzubeziehen, die geeignet ist, Ihre Erfahrungen beträchtlich zu intensivieren.

Vor einem Jahr habe ich bei mir zu Hause ein Achtspur-Aufnahmestudio eingerichtet; ich wollte sehen, was für musikalische Dimensionen sich abzeichnen, die geeignet sind, die geschriebenen und gesprochenen Inhalte der künftig erscheinenden Tonbücher zu unterstreichen. Ein Freund lieh mir seinen hochwertigen Prophet 2000 Soundsampler Synthesizer, und nun hatte ich fest vor, nie dagewesene Klänge und Musik zu erzeugen, die jedes Tonbuch abrunden würden.

Ich wäre beinah verrückt geworden.

Meine Vernunft sagte mir, ich sollte für die neuen Möglichkeiten der Computer-Musik offen sein. Und so tauchte ich in meiner wenigen freien Zeit in all die komplexen Programme ein, die versprachen, mir ein funkelnagelneues Universum von Möglichkeiten zur Meditationsmusik zu erschließen.

Das Ergebnis war – nichts. Ein Jahr ging mit Experimentieren herum, aber ich schaffte es einfach nicht, mein Zentrum in irgendeinem dieser neuen Klänge, die ich mit meinem Computer erzeugte, musikalisch wiederzuerkennen.

Schließlich gab ich auf. Ich sagte: Nehmt den ganzen Kram weg! Schluß mit den Computern! Wo ist ein Klavier?

Das Glück war auf meiner Seite. In einem Aufnahmestudio im Schwarzwald fand ich ein Klavier, das mir sehr zusagte. Und so setzte ich mich einfach hin und stimmte mich in eine alte Technik für Meditationsmusik ein, die mir Allen Watts, ein früherer Lehrer von mir, beigebracht hatte. Er nannte das »spontane Komposition«. Grundsätzlich geht man dabei so vor: Zuerst leistet man seinen musikalischen Tribut – studiert die alten Meister, spielt Rock und Jazz sowie klassische und orientalische Tonleitern und Stücke. Durch die grundsätzlichen Techniken, von denen ich in diesem »zentrierenden« Buch gesprochen habe, befreit man sich dann von seiner musikalischen Vorprogrammierung, konzentriert sich auf seinen Atem, seinen Herzschlag, sein inneres Gleichgewicht, seinen gesamten Körper in genau dem Augenblick, in dem man am Klavier sitzt – und läßt dann den Geist durch sich spielen.

Nach all den verwirrenden Stunden, die ich in dem krampfhaften Versuch, »Musik zu machen«, an der Tastatur des Synthesizers zugebracht hatte, entspannte ich mich einfach und spielte die letztlich ganz schlichte Meditationsmusik, an der ich schon vor zwanzig Jahren Freude gehabt hatte. Die Muse war mir hold; alles, was ich zu tun brauchte, war, meine Aufmerksamkeit auf das Thema des Tonbuches zu richten und einen Ton dem anderen folgen zu lassen.

Musik zu spielen, die aus einer Quelle zu einem kommt, so tief, daß sie sich allen Besitzansprüchen des Ego entzieht, ist durchaus eine Erfahrung, die einen Demut lehren kann. Für mich ist die Musik schon immer eine der grundlegendsten spirituellen Dimensionen gewesen; und ich bin außerordentlich erleichtert darüber, daß ich bei meinen intellektuellen Versuchen, eine Art »neuer Meditationsmusik« auf dem Computer zu erschaffen, gescheitert bin und statt dessen jene uralte Muse wiederentdeckt habe, die in die Fingerspitzen hinabsteigt, und diese dann entdecken läßt, was immer aus dem gegenwärtigen Augenblick an musikalischer Erfahrung hervorquillt.

Was kam, war die Musik, die Sie auf der ersten Seite der Kassette hören werden; einige Minuten am Anfang, bevor Birgitta zu reden anfängt, und dann ungefähr fünf Minuten lang, nachdem Sie Ihre geführte Erfahrung miteinander gehabt haben.

Die Musik am Anfang ist eine merkwürdige Schöpfung, die mir gerade einfiel, als ich am Klavier saß und meinen Atem und mein inneres Zentrum beobachtete. Es sind drei Klavierstimmen zusammen, und jede davon spielt einen sehr einfachen Rhythmus und eine ebenso einfache Tonfolge. Aber zusammengenommen scheinen sie einen Zauber zu bewirken, der wie ein Pendel vor- und zurückschwingt, auf der Suche nach einem musikalischen Zentrum, als dem Anfang der geführten Übung.

Die Musik, wie Sie sie auf dem Band hören, ist ziemlich leise, keineswegs dominant, so daß Birgittas Stimme im Kontrast dazu klar und kräftig einsetzt. Wenn Sie die Kassette starten, sollten Sie also die Musik nicht allzu laut einstellen.

Wenn Sie die Bewegungen und Meditationen der geführten Übungen beendet haben, wird Birgitta Sie zum Meditieren allein lassen, und ich blende dann, mit beträchtlichem Zittern und Zagen am Mischpult, ein fünfminütiges Klavierstück ein, das Ihren Bewußtseinszustand, hoffentlich, in Bereiche hinein erweitert, die Sie jenseits aller Worte, in eine tiefere schwingende Erfahrung in Ihrem Innern führen.

Aber bitte, wenn Sie merken, daß die Musik Sie von Ihren inneren Meditationen ablenkt, schalten Sie die Kassette einfach an diesem Punkt aus und genießen Sie die vollkommene Stille. Während Sie Ihr Bewußtsein erweitern, wird die Musik Ihnen, wie ich hoffe, zuweilen helfen, Ihnen aber auch manchmal etwas im Wege sein. Vergessen Sie also niemals, daß Sie vollkommen frei sind, in gewissen Augenblicken selbst über Ihre akustischen Einflüsse zu bestimmen.

Der besondere Zauber am Klavier ist sein »natürliches Sustain«: Sie können einen Ton mehr oder weniger stark anschlagen, und wenn Sie dann diese bestimmte Taste unten halten, schwingen die Saiten weiter. Das Klavier, das ich für diese Aufnahme benutzte, reagierte besonders empfindlich auf dieses Nachhallen einer schwingenden Saite.

Und während diese eine Saite schwingt, kann eine zweite Saite angeschlagen werden; und hier offenbart sich der Zauber erst in seinem wirklichen ganzen Ausmaß – die zwei unterschiedlich gestimmten Saiten wirken wechselseitig aufeinander ein und schaffen dabei eine ungewöhnliche Harmonie von Schwingungen.

Das ist etwas, das die Töne eines Synthesizers einfach nicht können: aufeinander einwirken.

Ein Hoch auf das akustische Klavier!

Komischerweise war es mir nicht möglich, bei diesem Klavier das Forte-Pedal zu benutzen, weil es beim Drauftreten zuviel Lärm machte. Und so wurde mir eine ungewohnte Disziplin abverlangt: Anstatt einfach das Forte-Pedal zu drücken, um gehaltene Töne zu erzeugen, mußte ich die bestimmte Taste festhalten, während ich schon die nächsten Saiten anschlug.

Dies schuf eine neue Situation für mich und stieß mich in eine Form von Musik, die ich niemals zuvor kennengelernt hatte.

Es bewirkte, daß ich in einer Weise lauschte, in der ich noch nie zuvor gelauscht hatte.

Jeder Ton gewann einen Eigenwert. Es machte mir nicht die geringste Mühe, mich zu zentrieren. Die Bewegung jedes Fingers wurde klar. Ich merkte, daß ich meinen Atem und meinen Herzschlag betrachten, mich selbst auf dem Klavierschemel sitzen fühlen, die Tasten und meine Finger sich bewegen sehen und den Klang jedes einzelnen Tones hören konnte – alles auf einmal.

Das bedeutet: Dadurch, daß ich dieses Buch schrieb und mich darauf konzentrierte, Musik zu diesem Thema zu spielen, fand in mir musikalisch eine Erweiterung statt. Solche Ereignisse sind es, die das Leben lebenswert machen.

Ich weiß, daß diese letzten Seiten meiner Diskussion eine ziemlich private Abschweifung waren; ich weiß aber auch, daß es darin für Sie und mich etwas Wichtiges zu entdecken gibt. Und ich hoffe, daß die musikalische Dimension der ersten Übung eine nützliche Bereicherung Ihrer Gesamterfahrung darstellen wird.

Das, worüber ich in diesem letzten Teil des geschriebenen Programms tatsächlich sprechen wollte, ist nicht auf der ersten, sondern auf der zweiten Seite der Kassette zu hören.

Nämlich Michael Vetter.

Ich wußte von diesem Mann schon zwei Jahre, ehe ich ihn endlich traf, und das, obwohl wir damals in Deutschland gerade um die Ecke wohnten.

Ich kannte ihn beispielsweise als den besten Oberton-Sänger der Welt.

Ich kannte ihn als einen bemerkenswerten Maler, der dreizehn Jahre lang in Japan in der Zen-Tradition der Sumi-e-Malerei, der Musik, Dichtung und Meditation gelebt und studiert hatte.

Vor drei Jahren kehrte er dann von Japan nach Europa zurück und fing an, seine angesammelte schöpferische Energie in die Welt ausströmen zu lassen.

Vielleicht kennen Sie sein knappes Dutzend Langspielplatten, die seine Meisterschaft auf einer Anzahl verschiedener Instrumente widerspiegeln, von seiner Stimme einmal ganz abgesehen; oder Sie haben möglicherweise in der Zeitschrift Esotera seine Fotos und Artikel gesehen; oder sind zu einem seiner Konzerte gegangen; oder haben eins seiner Bücher gelesen.

In diesem Fall brauche ich ihn nicht vorzustellen. Aber wenn Ihnen sein Name neu ist, erlauben Sie mir, von der Bewunderung zu sprechen, die ich für seine Ausdruckskraft und erst recht für die wahrhafte geballte Energie seiner persönlichen Gegenwart empfinde. Wir lernten uns – zwei überbeschäftigte Männer – schließlich kennen, weil ich auf der Suche nach japanischen »singenden Becken« war, die Birgitta auf einigen unserer Kassettenprogramme spielen könnte.

Wir wurden nicht nur auf Anhieb Freunde, sondern fanden durch die Tonbücher auch verschiedene gemeinsame Ebenen.

Die Abbildungen, die manchmal, wenn ich vorschlage, daß Sie Ihre Aufmerksamkeit nach innen kehren, den leeren Raum auf der Seite ausfüllen, sind Michaels Beitrag zur Gesamtgestaltung dieses Tonbuches zum Thema »Zentrieren«. Er ist ein wahrhaftiger Wirbelwind, was solche Zeichnungen anbelangt: An jedem Abend seines vielbeschäftigten Lebens zaubert er nach dem Essen einige davon hervor.

Diese Mandalas, – Ausdruck der japanischen Meditationstradition – sind die einzigen Abbildungen, die ich mir vorstellen könnte, um diese Räume auszufüllen.

Und wenn Sie Seite zwei der Kassette auflegen: aufgepaßt!

Michael Vetter ist ein Meister der alten musikalischen Tradition der singenden Becken.

Diese Becken werden hoch im Himalaya, in der tantrischen Tradition, die den Klang als das höchste Ziel der zentrierenden Meditation ansieht, aus einer Silber-Kupferlegierung handgehämmert. Michael hatte ein paar Monate vor der Aufnahme, die Sie auf Ihrer Kassette hören werden, eine neue Sammlung von über achtzig solcher singenden Becken erworben. Er hatte mit diesem neuen Orchester von Schlaginstrumenten allein bei sich zu Hause gespielt, aber noch kein Konzert gegeben.

Und eines Abends bot er an, in meinem Studio sein erstes Konzert, anstatt live vor Publikum, Ihnen darzubringen.

Jedes singende Becken hat seine eigene Persönlichkeit, seine eigene spirituelle Muse, wenn Sie so wollen. Und wenn Sie sich den verschiedenen klanglichen Wechselwirkungen öffnen, die Michael schafft, werden Sie zugleich die Wechselwirkungen Ihres eigenen Zentrums mit diesen uralten singenden Becken und deren Schwingungszentrum erfahren.

Gehen Sie anfangs langsam vor. Wenn Sie bis jetzt noch nie etwas mit tibetanischen singenden Becken zu tun hatten, kann es sein, daß Sie nur eine Minute lang dem Ausklang dieser Übungen lauschen und dann die Musik lieber abstellen und die Stille genießen möchten. Wenn Sie diese zentrierende Übung das nächste Mal hören, können Sie dieselbe Schwingungserfahrung aufs neue erleben und vielleicht ein bißchen länger lauschen. Nur sollten Sie bedenken, daß diese singenden Becken, die Michael bei der Aufnahme in einem einzigartigen Meditationszustand angeschlagen hat, eine kraftvolle Wirkung auf Sie ausüben werden, wenn Sie sich ihrer Schwingungskraft öffnen. Denken Sie nicht: je mehr, desto besser. Lassen Sie soviel rein, wie sich gut anfühlt, aber schließen Sie den Einfluß aus, sobald Sie für diese Sitzung genug haben.

Die singenden Becken klingen manchmal wie Kirchenglocken, manchmal wie Kuh-, manchmal wie Himmelsglocken und manchmal wie die Gongs der Unterwelt, die unter Ihren Füßen in der Erde widerhallen. Sich diesen Klängen zu öffnen, bedeutet meiner Meinung nach, sich der vielleicht wesentlichsten spirituellen Tradition der Menschheit überhaupt anzuschließen.

Verzeihen Sie mir meine Begeisterung über die musikalische Dimension dieser Sitzungen, aber ich komme gerade vom Abmischen der Musik mit Birgittas geführten Übungen, und ich muß meine tiefe Befriedigung darüber eingestehen, daß wir nach all den Bemühungen den Punkt erreicht haben, wo die Musik den gesprochenen und geschriebenen Teilen des Programms vollkommen ebenbürtig ist.

Eine andere Sache, die ich vor dem Ende dieser schriftlichen Diskussion erwähnen möchte, ist das vierteljährliche Rundschreiben, das Sie, wenn Sie es wünschen, kostenlos von meinem Verleger erhalten können. Der Zweck dieser Rundschreiben ist es, einen direkten Kommunikationsdraht zwischen mir und meinen Lesern herzustellen, damit ich neue Entwicklungen auf dem Gebiet der Persönlichkeitsentfaltung und der spirituellen Forschungen mit Ihnen diskutieren kann. Ich bin dem Verlag dankbar für seine Einwilligung, uns dieses Mittel zur Kommunikation zur Verfügung zu stellen, und hoffe, Ihnen regelmäßig nützliche Informationen schicken zu können. Wenn Sie dieses Rundschreiben erhalten möchten, schreiben Sie unter dem Stichwort »John Selby Newsletter« an den Verlag Hermann Bauer, Postfach 167, D-7800 Freiburg.

Meine Kollegen und ich hoffen außerdem, von Zeit zu Zeit Aufbauprogramme für die verschiedenen Kassettenbücher zu entwikkeln, die Sie in Erfahrungsbereiche führen, die wir aus Platzgründen nicht in die erste Kassette zum Buch einschließen konnten. Wenn diese neuen Programme lieferbar sind, werde ich auch das im Rundschreiben erwähnen. Wir sind beispielsweise gerade dabei, eine reine Musikkassette fertigzustellen, mit einer ganzen Stunde Musik von der Art, wie Sie sie auf dieser Kassette hören werden; sie ist für Gelegenheiten gedacht, bei denen Sie einfach nur innehalten, sich entspannen und ohne jede Führung in Ihre eigenen inneren Bereiche eintauchen möchten.

Schlußwort

Ich hoffe, daß die schriftliche Erörterung und besonders die Begleitsitzungen auf den Kassetten Ihnen all die Unterstützung geben, die Sie brauchen, um Ihre Mitte tiefer zu erforschen und allgemein Ihr Potential der Bewußtseinserweiterung zu vertiefen.

In unterschiedlichen Stadien unserer Entwicklung brauchen wir ganz unterschiedliche Formen von Begleitung und Erfahrung. Das beste ist, wenn man gegenüber den inneren Veränderungen offen bleibt, die einen vielleicht in eine völlig neue Richtung bringen. Es mag Zeiten geben, in denen das Meditieren im Hinblick auf Ihr inneres Zentrum nicht so wichtig zu sein scheint. Sie haben stattdessen vielleicht ein Verlangen nach ausgeflippten Erfahrungen, von denen Sie glauben, daß sie nichts mit Ihrem spirituellen Wachstum zu tun haben.

Es ist aber nun einmal eine Tatsache, daß jede Form von Wachstum spirituell ist. Es kann genauso befriedigend sein, sich völlig in die Politik zu vertiefen, ein Auto zu reparieren, oder zu nähen, wie sich mit solchen Meditationen zu beschäftigen, wie ich Sie Ihnen gerade gezeigt habe. Wenn Sie sich selbst die Freiheit lassen, auf Ihre innere Stimme zu hören, dann werden Sie immer auf dem spirituellen Weg sein. Einige der spirituellsten Menschen, die ich gekannt habe, und die mir am meisten über die Meditation und die Bewußtseinserweiterung vermittelten, standen in keinerlei Kontakt mit den sogenannten »spirituellen« Traditionen. Es waren hartgesottene Cowboys auf der Ranch meines Vaters oder wilde Fußballspieler in meiner Collegezeit, Serviererinnen in örtlichen Cafés oder Bauarbeiter, die mir bei der Errichtung meines Hauses geholfen haben, oder kleine Kinder, die meine heiligen Meditationen gestört haben, um mich in ihre magischen Welten zu locken.

Sie haben die speziellen Meditationen, die ich Ihnen beigebracht habe, immer zu Ihrer Verfügung, wenn Sie diese Magie näher kennenlernen wollen. Öffnen Sie sich dabei gleichzeitig für die einzigartige Lernerfahrung, die Ihnen andauernd von der Welt um Sie herum präsentiert wird – falls Sie für das Unerwartete offen sind. Und die Erfahrung, durch die Birgitta Sie jetzt führen wird, wird eine wunderschöne, unerwartete Begegnung mit Ihrem Universum sein!

In der Bauer Ton-Bücherei sind weiter erschienen:

John Selby
Die Kraft ist in mir
Aktivierung der Lebensenergie

Es gibt mehrere gleich wichtige Dimensionen unseres persönlichen Kraft-Potentials. Dieses Buch mit Tonkassette lehrt praktische Techniken, basierend auf bestimmten Bewegungen, Meditationen, Körperhaltungen und Atemmustern, die zusammen ein sehr wirkungsvolles Programm zur Steigerung der persönlichen Kraft ergeben.
Best.-Nr. 5600

John Selby
Öffne Dein Herz
Eine neue Beziehung zu sich selbst und anderen finden

Dieses Buch mit Tonkassette zeigt, wie man einen direkten Zugang zum eigenen Weg des Herzens findet und wie man lernt, mit dem Herzen zu denken, um mehr dem Pfad der Liebe zu folgen als dem eigenen Ehrgeiz.
Best.-Nr. 5602

John Selby
Auf den Flügeln der Phantasie
Innere Reise als Abenteuer

Dieses Buch mit Tonkassette zeigt, wie nahe unter der Oberfläche des Bewußtseins die Phantasiewelten liegen. Diese reichen Ströme unseres unbewußten Denkens einzubauen: Das führt zu einer bedeutenden Erweiterung der Lebens-Kraft.
Best.-Nr. 5603

John Selby / Michael Vetter

Zen Tunes

Spontane Kompositionen

Diese erste Ergänzungskassette dient einem einfachen, aber wichtigen Zweck. Wenn Sie sich die geführten Kassettenprogramme mehrere Male angehört haben, werden Sie vielleicht von Zeit zu Zeit Lust bekommen, sich selbst durch den Prozeß zu führen, um eine „freiere" Form der Erfahrung zu erleben; dafür haben meine Freunde und ich eine einzigartige Musik entwickelt, die entspannt, zentriert und gleichzeitig Bewußtseinserweiterungen und spirituelle Erweckungserlebnisse hervorruft. Die Musik, die jede Sitzung auf der Ihnen vorliegenden Kassette einleitet und abschließt, entspricht im wesentlichen der Art von Musik auf dieser reinen Musikkassette.

Best.-Nr. 8575

John Selby

Video-Programm

Zu dem Buch „Die Kraft ist in mir"

Für diejenigen, die eine besondere Anleitung zu den Übungen aus dem Buch „Die Kraft ist in mir" in Form einer Video-Aufnahme wünschen, gibt es ein halbstündiges Video-Programm, in dem Sie der Autor persönlich durch die verschiedenen Übungen führt.

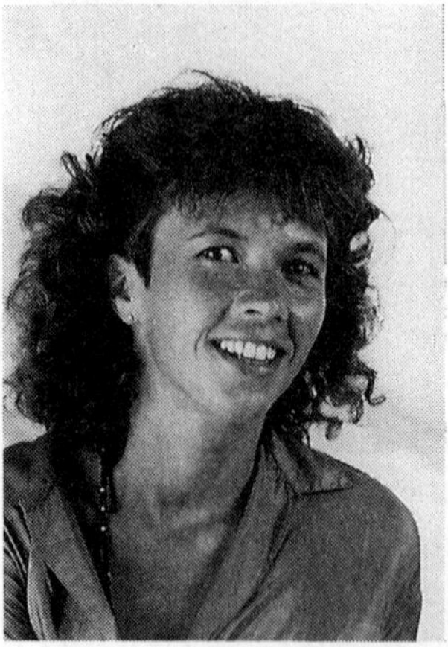

Birgitta Steiner hat als John Selbys Kollegin und auch als seine Übersetzerin bei Vorträgen und Seminaren in Europa mit ihm zusammengearbeitet. Außerdem nahm sie an der Entwicklung des Kassettenbuch-Konzeptes von Anfang an aktiv teil. Abgesehen von ihrem ausgezeichneten Verständnis für die Programme John Selbys ist sie mit der ganz besonderen Gabe gesegnet, mit ihrer Stimme die Hörer sehr sanft in die tieferen Bereiche des Bewußtseins hinabzuführen, die sie erkunden möchten.

Bei der Kassetten-Produktion haben mitgewirkt:

Sprecherin:	Birgitta Steiner
Glocken und Klangschalen:	Michael Vetter
Klavier:	John Selby
Toningenieur:	Bernd Zimmermann

Aufgenommen im Studio Zeck, Waldkirch